Funktionelle Elektrostimulation

Funktionelle Elektrostimulation

Ein Leitfaden für die Praxis

Herausgegeben von
Laurel A. Benton, Lucinda L. Baker, Bruce R. Bowman
und Robert L. Waters

Unter Mitarbeit von
Jaqueline Montgomery, Sherril Shelton, Dorothy Wilson
und Patricia Winchester

Autorisierte Übersetzung:
K. Rowedder und Michaela Starck

Steinkopff Verlag Darmstadt

Rancho Los Amigos
Rehabilitation Engineering Center
Rancho Los Amigos Hospital
7601 East Imperial Highway
Downey, California 90242

CIP-Kurztitelaufnahme der Deutschen Bibliothek

Funktionelle Elektrostimulation: e. Leitf. für d. Praxis /
hrsg. von Laurel A. Benton ...
Unter Mitarb. von Jaqueline Montgomery ... Autoris.
Übers.: K. Rowedder u. Michaela Starck. –
Darmstadt: Steinkopff, 1983.
Einheitssacht.: Functional electrical stimulation ‹dt.›
ISBN-13:978-3-642-72364-3 e-ISBN-13:978-3-642-72363-6
DOI: 10.1007/978-3-642-72363-6

NE: Benton, Laurel A. [Hrsg.]; Montgomery, Jaqueline [Mitverf.]; EST

Verlagsredaktion: Juliane Weller – Herstellung: Heinz J. Schäfer

Gesamtherstellung: betz-druck gmbh, Darmstadt

Geleitwort

Die gesamte Elektrotherapie, hier vor allem die Niederfrequenz- und Mittelfrequenztherapie erleben zur Zeit eine Renaissance in mehrfacher Beziehung. Dies bedeutet einerseits eine Erweiterung ihres technischen Spektrums in verschiedener Hinsicht und andererseits eine Erweiterung oder Erschließung neuer Indikationsgebiete.

Hierzu gehören in erster Linie die Schmerztherapie, besonders mit Hilfe der sogenannten transkutanen elektrischen Nervenstimulation und die Behandlung verschiedener Skoliosen und Kyphosen durch die Stimulation der Rumpfmuskulatur.

Ein weiteres großes Anwendungsgebiet der modernen Elektrotherapie liegt auf dem Gebiete der Mittelfrequenztherapie in Gestalt von konventionellen und stereodynamischen Interferenzströmen. Diese Form der Therapie hat sich bei der Behandlung zahlreicher Erkrankungen auf orthopädischem Fachgebiet, insbesondere bei der Detonisierung hypertoner und kontrakter Muskulatur einschließlich von Myogelosen sowie bei der Therapie entzündlicher und degenerativer Gelenkerkrankungen bewährt.

In der vorliegenden Monographie von Benton und Mitarbeitern wird ein weiterer wichtiger Teil der Elektrotherapie ausführlich abgehandelt. Dabei geht es in erster Linie um die gezielte Elektrostimulation von Muskelatrophien unterschiedlicher Genese, vornehmlich im Gefolge von Operationen, nach Traumen, peripheren und zentralen Nervenverletzungen einschließlich von inkompletten Querschnittslähmungen sowie nach längeren Immobilisationen aus den verschiedensten Gründen. Das Hauptindikationsgebiet dieser speziellen Form der Elektrostimulation besteht in der Erhaltung oder Verbesserung der Muskel- und Gelenkfunktionen sowie der Prophylaxe und Therapie von Kontrakturen. Weiterhin wird die Facilitierung willkürlicher Muskelbewegungen, die Behandlung von Spastizität jeglicher Art und die Möglichkeit des Ersatzes einiger typischer Orthesen, vor allem im Bereich des Unterschenkels bzw. bei Fußheberschwäche besprochen.

Das Buch beruht auf den großen Erfahrungen, die in dem hochspezialisierten Rancho Los Amigos Hospital in Kalifornien bei der Behandlung zahlreicher neuromuskulärer Erkrankungen in den letzten Jahren gesammelt wurden. Da es sich um ein Buch aus den USA handelt, liegen Gewichtung und Art der Konzeption naturgemäß etwas anders als bei uns. Dieser Umstand macht es zugleich auch aufschlußreich. In der Übersetzung wurde deshalb bewußt ein diesbezüglicher Unterschied belassen.

Nach einer ausführlichen Darstellung der Geschichte, der Diagnose und Behandlung mit niederfrequenten elektrischen Strömen sowie der physiologischen Grundlagen der Nerven- und Muskelstimulierung wird sehr ausführlich mit Hilfe zahlreicher instruktiver Abbildungen auf die praktische Durchführung der Elektrotherapie im Bereich der oberen und unteren Extremitäten eingegangen. Anhand einer großen Zahl von Behandlungsbeispielen wird vor allem die exakte Plazierung der Elektrodenanlegung besprochen. Abschließend wird noch auf die Möglichkeiten der Kombination mit anderen Therapieverfahren und die Kontraindikationen hingewiesen.

Ein ausführliches Literaturverzeichnis, das entsprechend der jeweiligen Erwähnung im Text angeordnet ist, beschließt die übersichtlich gegliederte Monographie. Insgesamt bietet dieses Buch gerade dem Anfänger auf dem Gebiet der Niederfrequenztherapie, insbesondere bei der hier in erster Linie abgehandelten Elektrostimulation eine Fülle von Anregungen und Hinweisen für ihre praktische Durchführung.

Im September 1983 H. Thom

Inhaltsverzeichnis

Anforderungen an ES-Geräte zur Behandlung von neuromuskulären Störungen und Muskelatrophien

Folgende Mindestanforderungen sollten die vom Patienten ambulant oder stationär verwendeten ES-Geräte erfüllen:

Impulsgenerator

- Um eine ständige Betriebsbereitschaft des Gerätes zu gewährleisten und gleichzeitig aus sicherheitstechnischer Sicht sollte der Impulsgenerator batteriebetrieben (Accu) sein.
- Möglichst einfache, zweckgerichtete Bedienbarkeit muß gewährleistet sein, um Behandlungsfehler zu vermeiden (möglichst wenig Bedienungsknöpfe). Die Geräte sollen klein und handlich gehalten werden, um Unabhängigkeit von einem festen Behandlungsplatz zu erreichen.
- Die Funktion des Impulsgenerators sollte durch eine optische oder akustische Anzeige überwachbar sein.
- Die abgegebene Stromform sollte vor allem bei längerer Behandlungsdauer biphasisch sein, um Ionenverschiebungen im Körper zu vermeiden (Hautirritationen).
- Da die Geräte sich häufig in der Hand von Laien befinden, soll auf eine solide Verarbeitung geachtet werden.

Elektroden

- Das Elektrodenmaterial darf während der Stimulation keine Ionen an den Organismus abgeben (z.B. Silberchlorid o.ä.). Die Elektroden müssen hochflexibel sein, um während der Behandlung einen guten Hautkontakt zu garantieren. Sie sollten flach sein, um Druckstellen zu vermeiden.
- Um präzise Anlagestellen der Elektroden zu erreichen, müssen diese zurechtgeschnitten werden können.

Zubehör

- Besonders wenn die Behandlung durch den Patienten selbst durchgeführt wird, muß auf das notwendige Zubehör geachtet werden, z.B. Karaya-Pads als Kontaktmittel Haut/Elektrode, ggf. Elektrodencreme und -pflaster, Reservebatterie, Netzladegerät, Haut- und Elektrodenreinigungsmaterial etc.

Von ganz besonderer Bedeutung für einen Behandlungserfolg ist ein guter Service am Ort.

1. Geschichte der Elektrostimulation

Die Behandlung von Krankheiten mit Hilfe von Elektrizität hat Menschen seit Jahrhunderten fasziniert. Frühere Zivilisationen verwendeten bei der Therapie verschiedenster Krankheiten – von Kopfschmerzen bis hin zu Blutungen – elektrisch aktive Elemente der Umwelt, wie zum Beispiel elektrische Fische und statisch aufgeladenen Bernstein. Im 19. Jahrhundert entwickelten Forscher einschließlich Faraday und Duchenne mechanische Stromgeneratoren und beschrieben Methoden, „lokalisierter Elektrisierung" über anatomisch und funktionell definierten Muskelbereichen [1]. Zur gleichen Zeit begannen einfallsreiche Unternehmer elektrische Erfindungen anzubieten, mit deren Hilfe die Heilung einer ganzen Reihe von Krankheiten – beginnend bei der Beseitigung von Giften aus dem Körper bis zur Kräftigung der männlichen Potenz – versprochen wurde [2]. Bei gleichzeitiger Aufsicht staatlicher Stellen hat die technologische Entwicklung die Anwendungsmöglichkeiten in der Gegenwart ausgeweitet. Die Grenzen der Elektrostimulation sind noch längst nicht erreicht, und selbst die gegenwärtigen fortschrittlichen Therapien werden uns bald veraltet erscheinen wie die aus der Vergangenheit.

Einige wichtige Ereignisse aus der Vergangenheit

Bereits 400 Jahre v. Chr. wurde der Zitterrochen, welcher Stromschläge von 100–150 Volt abgeben kann, als therapeutisches Hilfsmittel empfohlen [2–4]. Das Auflegen des Fisches auf den Kopf sollte Kofschmerzen lindern [3], das Anlegen an die Fußsohlen Arthritis heilen [1]. Eine Diät aus gekochtem Zitterrochen sollte Asthma kurieren [2]. Auch Hämorrhoiden wurden angeblich erfolgreich behandelt, jedoch ist die Anwendungsweise nicht genauer beschrieben.

Es war damals bereits bekannt, daß Bernstein sich durch Reibung elektrisch auflädt und Stromschläge abgibt; es wurde in Pillenform verordnet, um Entzündungen, Blutungen und Übelkeit zu behandeln [4]. „Electrum" (das lateinische Wort für Bernstein) wurde während des 16. Jahrhunderts zur Beschreibung des typischen „Stromgefühls" und der Kraft, „welche die Glieder bewegt", benutzt [1]. Gegen 1744 wurde statische Elektrizität benutzt, um Paralysen zu behandeln. Kratzenstein, ein deutscher Arzt, schildert die Heilung der Lähmung eines kleinen Fingers innerhalb von 15 Minuten [2].

1745 wurde die Anwendung der Elektrizität durch die Erfindung der Leyden'schen Flasche (einem Vorläufer des elektrischen Kondensators) mit ihrer Möglichkeit, Strom zu speichern, erheblich ausgeweitet. In kurzer Folge wurden erfolgreiche Behandlungen von Nierensteinen, Ischias, Epilepsie, Angina pectoris und auch Lähmungen publiziert [2]. Als Beispiel mag folgende Darstellung des praktischen Arztes Samuel Quellmalz (1753) dienen:

> Ein 18-jähriger Mann litt seit 2 Jahren an Hemiplegie. Er war nicht in der Lage zu stehen oder zu gehen und konnte auch nicht sprechen. Seine Finger waren gebeugt, so daß er nicht fähig war, seine Schuhe selbst anzuziehen. Sein Arm war bewegungslos und seine Hand kalt ... Ich habe seine Hand morgens und dann wieder am Nachmittag mit Elektroschocks behandelt. Nach einigen Tagen kam er zurück. Er konnte den Arm freier bewegen und auch besser und leichter sprechen. Es wurden weiterhin 1–2 Mal die Woche Elektroschocks gegeben. Er war bald so weit wiederhergestellt, daß er nicht länger darüber klagte, die Geige nicht mehr so schön spielen zu können wie früher.

Trotz überzeugender Darstellung des therapeutischen Wertes von Elektroschocks dauerte es bis 1791, ehe die Beziehung zwischen Muskelkontraktion und Elektrostimulation von Nerven erkannt wurde. Luigi Galvani beobachtete, daß durch das Anbringen verschiedener Metalle am Froschnerv Muskelkontraktionen induziert wurden [2]. Er nahm an, daß tierische Elektrizität von den Nerven gebildet und in den Muskel gespeichert wird. Er verglich diese mit den Leyden'schen Flaschen und vermutete, daß das Metall nur eine leitende Funktion hatte [1, 2]. Alessandro Volta widersprach dieser Annahme und behauptete, daß Muskelkontraktionen nicht aus sich heraus entstehen, sondern aufgrund der Elektrizität, welche zwischen verschiedenen Metallen entsteht. Diese Kontroverse ruhte für einige Jahre, nachdem Volta eine zuverlässige Stromquelle konstruiert hatte (1799) [1]. Dieses Volta'sche Element, ein Vorläufer der Batterie, bestand aus einem Stapel von Silbermünzen und Zinkscheiben. Diese wurden in wechselnder Folge übereinandergelegt und durch nasses Kartonpapier getrennt [4]. Den durch diese Anordnung erzeugten ständigen Strom nannte man „galvanischen Strom" [2]. Volta stellte fest, daß eine Muskelkontraktion nur zu Beginn und manchmal auch bei einer Unterbrechung des Stromflusses eintrat [1].

1801 entdeckte Ritter die Bedeutung des raschen Anstiegs eines Elektroimpulses für die Auslösung einer Muskelkontraktion. Mit Hilfe einer Batterie aus 100 in Serie geschalteten Einzelzellen, welche nacheinander eingeschaltet werden konnten, steigerte er langsam den Stromfluß zum Muskel und verringerte ihn dann in gleicher Weise. Er schloß aus seinen Beobachtungen, daß der Strom plötzlich fließen muß, weil sich der Muskel sonst nicht kontrahiert [1].

Obwohl bereits Galen sensible und motorische Nervenanteile unterschieden hatte (2. Jahrhundert), fand erst Magendie 1822 eine endgültige Einteilung. Das führte zu den ersten Experimenten mit Elektroakupunktur. Bei dieser legte man elektrischen Strom an Nadeln, welche entlang der japanischen Akupunkturlinien in Muskeln und Nerven eingestochen waren. Obwohl Muskelkontraktionen hervorgerufen werden konnten, setzte sich die Methode wegen der damit verbundenen Schmerzen und der fehlenden therapeutischen Erfolge nicht durch [1]. Duchenne de Boulogne führte trotzdem um 1830 die Versuche mit Elektroakupunktur fort. Sein Konzept stoffüberzogener percutaner Elektroden und seine Methode spezifischer, lokalisierter Elektrisierung bestimmter Muskelgruppen ließen ihn zum „Vater der Elektrotherapie" werden [1, 2, 4]. Remak konnte später feststellen, daß die von Duchenne definierten spezifischen Punkte den Eintrittspunkten der motorischen Nerven entsprachen.

1831 wurde durch Michael Faraday das elektrische Instrumentarium insbesondere durch seine „Elektromagnetische Maschine" weiterentwickelt; diese ist ein Vorläufer des Elektrogenerators und vieler in der Elektrotherapie gebräuchlicher Geräte. Der beim Routieren einer Metallspule in einem magnetischen Feld entstehende Strom (Wechselstom) wurde von Medizinern „faradisch" genannt [2]. Bevor Duchenne seine Oberflächenelektroden einführte, wurde der Patient zur allgemeinen „Faradisation" mit den nackten Füßen auf eine Kupferplatte gestellt. Diese Kupferplatte war mit dem einen Pol des Generators verbunden, der andere Pol endete in einem nassen Schwamm oder der Hand des Behandelnden, welche den Stromfluß zu den entsprechenden Körperteilen leitete. Um 1840 wurde das Einbringen von Strom in die Muskulatur als diagnostische Hilfsmaßnahme betrachtet. Eine Reihe von Untersuchern stellte fest, daß paralysierte Muskulatur auf galvanische, nicht aber auf faradische Impulse reagierte.

Es dauerte aber noch 20 Jahre, bevor dieses Phänomen erklärt werden konnte. Außerdem wurde beobachtet, daß eine wiederholte schnelle Unterbrechung eines Gleichstroms bei Überschreiten einer bestimmten Frequenz keine Muskelkontraktion auslöste. Hieraus ergab sich die wichtige Feststellung, daß die Dauer des Stromsignals einen wesentlichen Faktor bei der Auslösung einer Kontraktion darstellt. Viele Untersucher bestätigten dies. 1909 entwickelten Louis la Picque und seine Frau erstmals eine Darstellung für ein Elektrosignal in Abhängigkeit von Zeit und Intensität. Mit Hilfe eines auf dem Flaschenzugsystem beruhenden Schalters, welcher ein genaueres Messen erlaubte, wurde die Reizerregungsschwelle bestimmt. Die Stromstärke, die bei unendlich langer Reizzeit eben noch eine Erregung auslöst, wurde „Rheobase“ genannt. Die kürzeste Stromflußdauer, die zur Erregung von Körpergewebe bei der doppelten Rheobaseintensität nötig ist, bezeichnete er als „Chronaxie“ [1]. 1870 stellte Engelmann Kurven für Reizstärke und -dauer von Labortieren auf. Erst 1916 aber wurden solche Kurven von Adrian für gesunde und kranke menschliche Muskulatur angefertigt [1]. Dabei beobachtete Adrian bedeutsame Abweichungen der Kurven von Muskeln mit Störungen der nervösen Versorgung und einige charakteristische Veränderungen bei Muskeln mit nervaler Regeneration [3].

1907 bemerkte Bordet, daß gesunde Nerven im Laufe der Zeit eine Akkommodation an die Stimulation entwickeln, während Muskeln, deren nervöse Versorgung ausgeschaltet war, diese Anpassung nicht zeigten. Dieses Phänomen wurde zur Basis zweier elektrodiagnostischer Tests, nämlich der Anpassung an steigende Frequenzen und an steigende Stromstärke [1].

Mit zunehmendem Verständnis der Elektrostimulation und der Verfügbarkeit besserer Geräte, wie zum Beispiel Batterie und Spule, begann man nach therapeutischen Anwendungsmöglichkeiten dieser Methode zu suchen. Die 2. Hälfte des 19. Jahrhunderts wurde zum „Goldenen Zeitalter der Elektromedizin“, in Amerika besaßen die meisten Ärzte mindestens 1 Elektrogerät [2].

Hochfrequenzgeräten sprach man die Fähigkeit zu, Schmerzen bei Rheumatismus, Neuralgien, Gicht, Frakturen, Schürfungen und Schnitten zu lindern. Eine derartige Maschine, das „Elektrostatische Bad“, überschwemmte den ganzen Körper mit Elektrizität Es scheint so, als habe dieses Gerät vorteilhafte Wirkungen gehabt, obwohl das aus der Beschreibung nicht deutlich hervorgeht:

„Auf einem isolierten Hocker sitzend wird der Patient mehr oder weniger unter Strom gesetzt. Er hat dabei keine Schmerzen, weil der Strom kontinuierlich fließt. Das Haar stellt sich auf, die Haut wird warm und stärker durchblutet, das Gesicht errötet, das Herz und der Puls werden schneller, die Haut fängt an zu kribbeln, und der Patient beginnt stark zu schwitzen. Wenn nun die Fingerknöchel des Arztes oder ein Messingknopf in die Nähe irgendeines Körperteiles gebracht werden, empfindet der Patient ein stechendes Gefühl, und es bildet sich ein roter Fleck [2].

Hydroelektrische Bäder wurden angepriesen als „ein Hilfsmittel in der Behandlung von Frauenkrankheiten ... die wertvollste Methode, die innerhalb der letzten 50 Jahre erfunden worden ist“. Herz-Kreislauf-Störungen wurden durch Eintauchen der Extremitäten in das Schnee'sche Vierzellenbad behandelt [2].

1898 wurde ein Patent für ein Gerät erteilt, welches den Körper entgiften sollte. Der Erfinder beschrieb seine Methode:

„Für pflanzliche Gifte wird eine Elektrode aus pflanzlicher Substanz anstatt einer kupfernen benutzt; für tierische Gifte wird eine tierische Elektrode, wie zum Beispiel rohes Fleisch, verwendet. Auf diese Art ist das Gerät durch die Auswahl der Elektrode geeignet, jegliche Art von Gift zu extrahieren“ [2].

Der „Bi-Polare Elektrogürtel“ samt Befestigungshilfsmitteln, welcher in dem „Pulvermacher Galvanic Company's“-Katalog von 1889 angeboten wurde, versprach: „Heilung von schwachen, nervösen oder verkrüppelten Geschlechtsorganen“. Er wurde wie folgt beschrieben:

„Kontinuierliche, elektrische Ströme durchlaufen ständig die Geschlechtsorgane, den Lendenbereich und alle in der Nähe liegenden Teile. Dadurch werden die Organe sofort geheilt, gestärkt und mit neuem Leben beseelt, und alle Symptome von Schwäche und Verfall beseitigt ...“ [3].

„Zum Glück der Kranken sprechen diese Krankheiten in all ihren verschiedenen Erscheinungsformen sehr gut auf Elektrizität an. Jeder Kranke kann nun so ein Gerät erwerben und seiner vollständigen Heilung, der Wiederherstellung seiner Gesundheit und Manneskraft gewiß sein“ [2].

Neuere Entwicklungen der Elektrostimulation

Neben diesen oben beschriebenen Anwendungen entwickelte sich doch das grundsätzliche Verständnis zwischen Elektrizität und physiologischen Vorgängen weiter. 1887 stellte Augustus Waller die elektrischen Veränderungen, die mit dem Herzschlag einhergehen, dar. Mit einem Kapillar-Elektrometer konnten die Herzströme fotografisch festgehalten werden. Waller nannte diese Darstellung der elektrischen Herzaktivität ein „Elektrogramm" oder „Kardiogramm". Einthoven führte später das Wort „Elektrokardiogramm" ein. Die Anfänge des elektrischen Herzschrittmachers liegen im Jahre 1931, als Albert Hyman Tiere nach vorangegangenem künstlichen Herzstillstand mit elektrischen Strömen erfolgreich wiederbelebte. 1952 zeigte Paul Zoll, daß ein künstlicher Schrittmacher den menschlichen Herzschlag zumindest für eine begrenzte Zeit aufrecht erhalten kann. Furman und Schwedel führten 1958 einen Patienten vor, welcher 96 Tage mit einem künstlichen Herzschrittmacher komplikationslos versorgt wurde. Diese frühen Schrittmacher konnten nur stationär verwendet werden, jedoch wurden während der nächsten Jahre implantierbare, dauerhafte, batteriebetriebene Herzschrittmacher entwickelt. Heute tragen über 300.000 Patienten Herzschrittmacher [2].

Nach der Aufzeichnung willkürlicher Muskelkontraktionen des Menschen mit einem Galvanometer durch Piper (1907), nahm die elektrodiagnostische Technik einen raschen Aufschwung. 1929 wurde die Messung des Membranpotentials einer einzelnen Muskelfaser mit Hilfe der von Adrian entwickelten Coaxial-Nadelelektrode möglich. Adrian machte auch die Aktionspotentiale über einen Lautsprecher hörbar. 1935 fertigte Lindsley die ersten Aufnahmen eines Patienten mit Myasthenia Gravis an und beobachtete, daß während der Kontraktion auffällige Schwankungen in der Amplitude auftraten. Denny-Brown und Pennybacker unterschieden 1938 zwischen Fasciculation und Fibrillation. 1941 wurden sowohl die charakteristischen Potentiale bei Myotonie als auch die rhythmischen Potentiale in der rigiden (starren) Muskulatur von Parkinson-Patienten aufgezeichnet. 1950 wurde die Beziehung zwischen dem elektrischen Potential eines Muskels und seiner Kontraktionskraft entdeckt [1].

Durch die vielen peripheren Nervenverletzungen im 2. Weltkrieg entwickelte sich das Interesse an der Elektrotherapie weiter. Diagnostische Maßnahmen, wie Bestimmung der Chronaxie-Werte und Aufstellen von Reizzeit-Spannungskurven, wurden durch verbesserte Elektronik, wie zum Beispiel Bauwens' stromkonstanten Impulsgenerator, wesentlich erleichtert [1]. Der Gebrauch von elektrischen Strömen zur Stimulation wie auch zur Diagnose peripherer, denervierter Muskeln fand allgemeine Verbreitung.

1948 stimulierten Hodes, Larrabee und German Nerven an verschiedenen Stellen. Sie beobachteten zeitliche Unterschiede bei der Muskelreaktion und bestimmten die Nervenleitgeschwindigkeit, indem sie die zeitlichen Unterschiede in Beziehung zur Länge der Nervenbahn setzten [1].

Neben Herzschrittmacher und detaillierteren elektrodiagnostischen Maßnahmen reicht gegenwärtig die Anwendung elektrischer Ströme von der Behandlung chronischer Schmerzen bis zur Behandlung von Lähmungen. Der Ausdruck „funktionelle Elektrostimulation" bezeichnet heute gewöhnlich die externe Kontrolle über innervierte, aber teilweise oder völlig gelähmte Muskulatur durch elektrische Reizung ihrer intakten, peripheren Nerven, um sinnvolle Bewegungsabläufe zu erreichen. Ein Ein-Kanal-System, welches in der Schwingphase des Schrittes die Fußspitze eines Hemiplegikers hebt, war eines der ersten klinischen Geräte dieser Art [5]. Seit 1960 wurden zahlreiche Modifikationen entwickelt. 1976 schätzte man, daß ca. 2.000 verschiedene Systeme gebaut wurden um einen Lähmungsspitzfuß [6] zu behandeln. Es wurde versucht, durch Stimulation von bis zu 6 verschiedenen Muskeln während eines Schrittes komplexe Gangstörungen zu behandeln [7, 8].

Sowohl implantierbare [9] als auch oberflächliche Elektroden [8, 10] wurden bei den verschiedenen Stimulationsarten der unteren Extremitäten ausprobiert. Elektrostimulation wurde auch angewendet, um Muskelaktivitäten der oberen Extremitäten bei Patienten mit zentralnervösen Störungen anzuregen und zu koordinieren. Die Anwendungsarten reichen von einer periodischen Stimulation bei der Kontrakturbehandlung [1] bis zur neuromuskulären Stimulation unter Einschaltung verschiedener akustischer und visueller Rückkopplungsmechanismen. Elektrostimulation kann auch als Orthese zur Verbesserung inadäquater Hand-Funktion verwendet werden [13–17].

Aufgrund der verbesserten elektrischen Technologie haben sich die Anwendungsmöglichkeiten der Elektrostimulation so ausgeweitet, daß ihre Beschreibung diesen Rahmen sprengen würde; daher nur einige Beispiele:

1. Zwerchfellstimulation zur künstlichen Beatmung Querschnittgelähmter [2].
2. Behandlung chronischer Schmerzen durch implantierbare [2, 18] und transkutan [2] wirkende Elektroden.
3. Blasenstimulation bei Gelähmten [2, 19] sowie Behandlung von Harn- und Stuhlinkontinenz [2].
4. Behandlung von spastischen Paresen und unbeherrschbaren epileptischen Anfällen [20, 21] mittels ins Cerebellum implantierter Elektroden.
5. Behandlung der Skoliose mit implantierten oder auch oberflächlichen Elektroden.

Es ist schwierig, auch nur annähernd die zukünftigen Anwendungen therapeutischer Elektrostimulation abzuschätzen. Gegenwärtige Studien befassen sich mit der Entwicklung von Hör- und Seh-Prothesen; Cortex-Stimulatoren zur Verhaltensänderung sind bereits entwickelt worden [2]. Der Fantasie sind keine Grenzen gesetzt, sich Möglichkeiten zur Beeinflussung der motorischen, sensorischen oder emotionalen Zentren durch Elektrostimulation vorzustellen. Weniger die Technologie, als vielmehr die Ethik dürfte hier die Grenzen bestimmen.

2. Physiologie der Nerven- und Muskelreizung

Die Erregbarkeit von Nerven und Muskeln ist die Grundlage für die therapeutische Anwendung der Elektrostimulation. Dieser Abschnitt soll einen allgemeinen Überblick über die Grundlagen der Neurophysiologie sowie der Nerven- und Muskelstimulation darstellen, um die Wirkungsweise der Elektrostimulation verständlich zu machen. Diese Darstellung ist nicht als ausführliche Abhandlung der Elektrophysiologie gedacht; es wird vorausgesetzt, daß der Leser sich grundsätzlich über das Fachgebiet im klaren ist. Zum ausführlicheren und tiefer gehenden Studium wird auf die Lehrbücher, Monographien und Veröffentlichungen im Literaturverzeichnis hingewiesen.

Nerven und deren Aktionsströme

Die Grundeinheit nervösen Gewebes ist die Nervenzelle. Sie besteht aus dem Perikaryon und seinen Fortsätzen, dem Axon und den Dendriten. Im Rahmen dieser Abhandlung wird schwerpunktmäßig auf die peripheren Fasern eingegangen, insbesondere unter dem Aspekt ihrer motorischen Funktion. Es gibt 3 Hauptgruppen von Nervenfasern: A, B und C. Die unterschiedlichen Eigenschaften dieser Fasertypen sind in Tabelle 1 aufgelistet. Grundsätzlich gilt: Je größer der Faserdurchmesser ist, desto höher ist die Leitungsgeschwindigkeit, desto niedriger liegt die Reizschwelle für elektrischen Strom, desto stärker ist die Reaktion auf elektrische Reize, desto kürzer dauert die induzierte Erregung und die Refraktärphase [24]. Die A- und B-Fasern sind von Myelin umgeben, wodurch die Leitungsgeschwindigkeit erhöht wird, während die C-Fasern fast kein Myelin besitzen. Die A-Fasern haben den größten Durchmesser (1–20 μm) und leiten deshalb am schnellsten (5–120 m/s). Sie haben sowohl motorische als auch sensible Funktion. Aufgrund ihrer unterschiedlichen Leitungsgeschwindigkeiten werden sie in alpha, beta, gamma und delta-Fasern unterteilt [24]. Die B-Fasern haben einen geringeren Durchmesser (1–3 μm), leiten daher langsamer (3–15 m/s) und vermitteln autonome Funktionen [24]. Die C-Fasern haben einen Durchmesser von weniger als 1 μm und eine Leitungsgeschwindigkeit von höchstens 2 m/s. Sie finden sich überwiegend in Haut- und Eingeweidenerven, übermitteln Schmerzinformationen, Reflexreaktionen und autonome Funktionen [24]. Die A-, B- und C-Fasern sind zwischen dem Rückenmark und der Peripherie zu Nervenbündeln verschiedener Größe und Funktion zusammengefaßt. Wird an einem peripheren Nerv ein elektrischer Reiz gesetzt, werden in der Regel nicht nur motorische Fasern, sondern auch sensible und autonome Fasern erregt, sofern der Reiz die Reizschwelle des betroffenen Nerven übertrifft [25]. Das Nervenaktionspotential oder der „Impuls" ist die vom Nervensystem benutzte Grundeinheit um Informationen über bestimmte Distanzen weiterzugeben. Die Codierung der Information ist prinzipiell von der Impulsfrequenz, die eine Nervenfaser übermitteln kann, der Anzahl der beteiligten Fasern und den synaptischen Verbindungen abhängig. Jeder Einzelimpuls ist bei allen Faserarten grundsätzlich identisch. Er dauert in etwa 1 ms und hat eine Spannung von ca. 100 mV. Das Aktionspotential wird zwischen der Peripherie und den zentralen Perikaryen über afferente und efferente Axone fortgeleitet. Obwohl nicht alle Mechanismen an der Zellmembran vollkommen bekannt sind, weiß man doch, daß ein Aktionspotential, wenn es einmal ausgelöst wurde, von sich aus den gesamten Nervenfortsatz erfaßt.

Tabelle 1: Fasertypen und Eigenschaften der Nerven von Säugetieren

Fasertyp	Faser-durch-messer (µm)	Leitungs-geschwin-digkeit (m/s)	Dauer des Ausschlages (ms)	Absolute Refraktär-periode (ms)	Peripheres Erfolgs-organ	Rezeptor	Funktion
A-Fasern (motorisch) alpha	12–20	70–120	0.4–0.5	0.4–1	Muskel		Somato-motorik
gamma	3–6	15–30					Motorisch zur Muskel-spindel
A-Fasern (sensibel) Gruppe Ia	12–20	70–120	0.4–0.5	0.4–1	Muskel	Annulospiralen Nerven-endigungen	Tiefen-sensibilität
Gruppe Ib						Golgi-Sehnen rezeptoren	
Gruppe II	5–12	30–70	0.4–0.5	0.4–1	1. Streck-muskulatur 2. Beuge-muskulatur	Blütendolden-förmige (Flower spray) Nerven-endigungen	Berührung, Druck, Vibration
					3. Haut	Druck- und Berührungs-rezeptoren	
Gruppe III	2–5	12–30	0.4–0.5	0.4–1	1. Muskel	unbekannt – Schmerz-rezeptoren (?)	Schnelle Schmerz-fasern, Temperatur-empfinden
					2. Haut	Schmerz-rezeptoren	
C-Fasern Gruppe IV	0.5–1	0.5–2	2	2	Muskeln und Haut	Schmerz-rezeptoren	langsame Schmerz-fasern, Temperatur, Mechano-rezeptoren
B-Fasern	1–3	3–15	1.2	1.2			präganglionär sympathisch

Die Myelinscheide, welche die größeren peripheren Nervenfasern (A und B) umgibt, wird regelmäßig durch die „Ranvier'schen Schnürringe" [26] unterbrochen. Obwohl die Lipid-Isolierung nur eine strukturelle Modifikation der Nervenfaser und ohne Einfluß auf den Mechanismus der Membranerregung ist, kann der Impuls zwischen den Ranvier'schen Schnürringen „springen", ein Effekt, welcher die Leitungsgeschwindigkeit einer Faser bis um das 25-fache steigern kann [25, 27].

Wie seit ca. 25 Jahren allgemein bekannt, hängt die elektrische Erregbarkeit einer Nervenmembran mit einer spannungsempfindlichen Membranpermeabilität zusammen

[28, 29]. Aufgrund aktiven Transportes durch die Zellmembran enthält das Innere der Zelle viel Kalium- und wenig Natriumionen (Abb. 1). Beide Ionen haben die Tendenz, entsprechend ihrem Konzentrationsgefälle passiv durch die Zellmembran zu diffundieren, jedoch ist die Zellmembran im Ruhezustand für Kalium durchlässiger als für andere Ionen. Durch diese ungleiche Membrandurchlässigkeit und in der Folge auch ungleiche Ionenverteilung wird ein Ruhepotential von 70–90 mV aufgebaut, wobei das Innere der Zelle elektrisch negativ und das Äußere positiv ist.

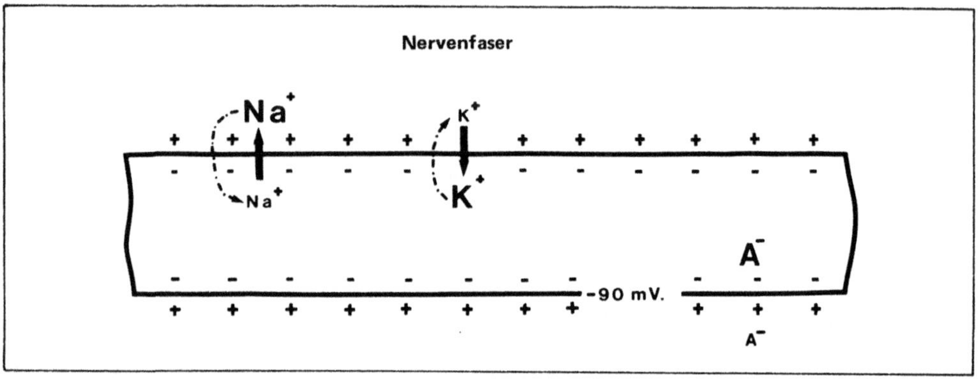

Abb. 1: Nervenfaser. Das Ruhepotential einer normalen Nervenfaser beträgt ca. – 90 mV. Aufgrund passiver Diffusion (durchbrochene Pfeile) und aktivem Transport (durchgezogene Pfeile) besteht ein Konzentrationsgefälle von Natrium- (Na^+) und Kalium (K^+)-Ionen sowie auch für die Anionen (A^-) der Zelle.

Entstehung und Weiterleitung eines Impulses in Nerv und Muskel sind allgemein bekannt, obwohl noch nicht alles im Detail geklärt ist. Ein Aktionspotential wird durch Verminderung des Membranpotentials, beziehungsweise durch Zunahme der Membrandurchlässigkeit für Natrium-Ionen ausgelöst. Durch die Öffnung von natriumspezifischen Membrankanälen gelangen mehr und mehr Natrium-Ionen in die Zelle. Das Membranpotential steigt auf Null und wechselt in den positiven Bereich über. Währenddessen wandern Kalium-Ionen durch die Membran nach außen. Mit zunehmendem Ausgleich der Natriumkonzentration zwischen Zellinnerem und -äußerem verlangsamt sich der Na-Ionenfluß bis zum völligen Sistieren. Die Membran wird für Natrium undurchlässig. Die Rückkehr zu einer selektiven Durchlässigkeit für Kalium stellt das ursprüngliche Konzentrationsgefälle wieder her und resultiert in einem hauptsächlich durch Kalium-Ionen aufgebauten negativen Potential in der Zelle [25].

Jeder Reiz, der in der Lage ist, ein Aktionspotential einzuleiten, ist ein adäquater Reiz. Unabhängig von der Art des Reizes (chemisch, elektrisch, thermisch, mechanisch) ist das Ergebnis immer eine Membran-Depolarisation. Um eine Depolarisation herbeizuführen, muß ein Reiz bestimmte Bedingungen erfüllen: Er muß intensiv genug sein und entsprechend lange dauern, um die spezifische Reizschwelle zu erreichen, d.h. eine bestimmte Mindestanzahl von Ionen muß die Zellmembran durchströmen und zwar mehr, als durch die aktive Na^+-K^+-Pumpe zurückgepumpt werden kann. Die Anzahl der dazu notwendigen Ionen hängt von der Art des Gewebes ab. Die Reizschwelle von Nerven liegt anders als die von Muskeln, und auch zwischen den einzelnen Arten von Nervenfasern bestehen Unterschiede. Die Beziehung zwischen Intensität und Dauer eines adäquaten Reizes bei einem bestimmten Gewebe wird in Form einer Reizzeit-Spannungs-Kurve dargestellt. Aus einer solchen Kurve kann man die Zeit ablesen, welche ein elektrischer Strom bestimmter Stärke mindestens fließen muß, um die Reizschwelle eines Gewebes zu erreichen. Abb. 2 zeigt die diesbezüglichen Unterschiede zwischen Nerven- und Muskelgewebe. Intensität und Zeit verhalten sich nicht linear. Aus praktischen Erwägungen sind besonders kurze Reizzeiten wegen der erforderlichen hohen Intensität klinisch nicht anwendbar. Andererseits ist bei sehr geringen Stromstärken auch bei langer Dauer keine Reaktion auszulösen [30]. Diejenige Stromstärke, die bei „unendlicher Dauer" gerade in der Lage ist, eine Reaktion hervorzurufen, heißt „Rheobase". Das Produkt aus jeder beliebigen Stromstärke, die größer als die Rheobase ist und der Zeit, die notwendig ist um die Reizschwelle zu erreichen, kann für kurze Impulse als konstant angesehen werden [24, 31–33]. Es ist üblich geworden, die zum Erreichen der Reizschwelle notwendige Zeit bei der doppelten Rheobase zu messen und diesen Wert als Chronaxie zu bezeichnen.

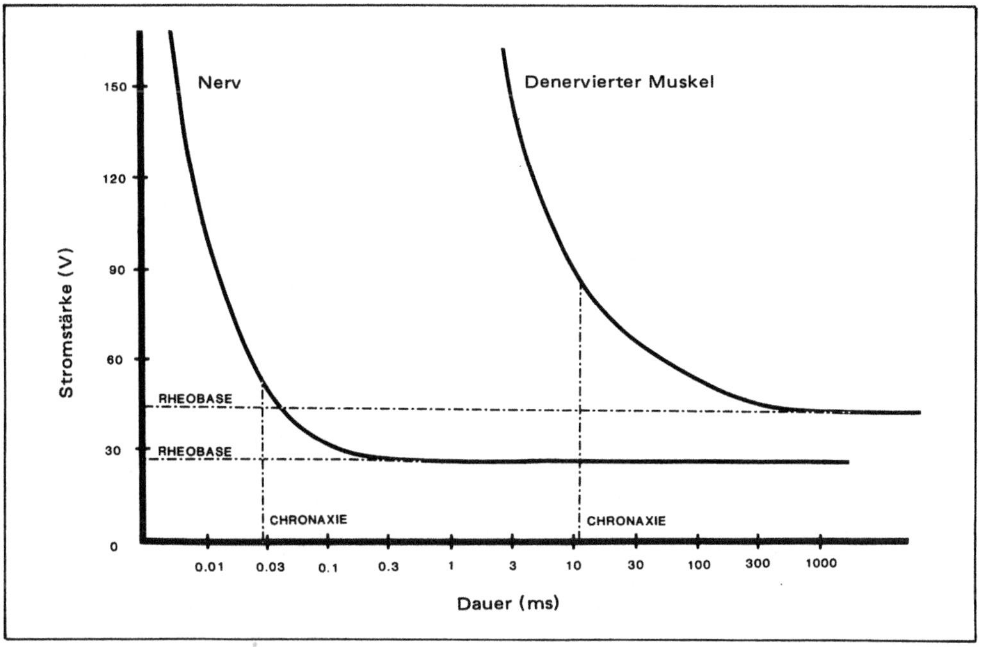

Abb. 2: Reizzeit-Spannungs-Kurve. Beide Kurven stellen die Beziehung zwischen der Stärke eines elektrischen Impulses und der Zeit dar, die notwendig ist, die Reizschwelle zu erreichen. Links für Nervengewebe und rechts für denervierte Muskulatur. Rheobasen und Chronaxie sind jeweils eingezeichnet.

Die bekannte „Alles oder nichts"-Reaktion bezieht sich auf die Tatsache, daß eine Nervenfaser immer gleich reagiert, egal ob sie mit einem Impuls, der gerade an der Reizschwelle liegt, oder mit einem viel stärkeren Impuls aktiviert wurde. Es ist nicht möglich, das Aktionspotential einer Nervenfaser durch unterschiedliche Intensität des auslösenden Reizes zu verändern. Unmittelbar nach Erregung und Weitergabe eines Impulses gibt es einen kurzen Zeitraum, währenddessen die Nervenfaser absolut (auch für stärkere Impulse) unerregbar ist. Dieses Intervall heißt „Absolute Refraktärperiode", sie dauert in etwa solange wie das Aktionspotential eines Säugetiernerven [24]. Die Ursache der Refratärperiode ist in der veränderten Durchlässigkeit für Kalium- und Natrium-Ionen durch die Zellmembran zu suchen. Die Reizbarkeit der Zelle wird nach und nach wiederhergestellt. Die Reizschwelle des Nerven sinkt wieder auf die normalen Ruhewerte (s. Abb. 3).

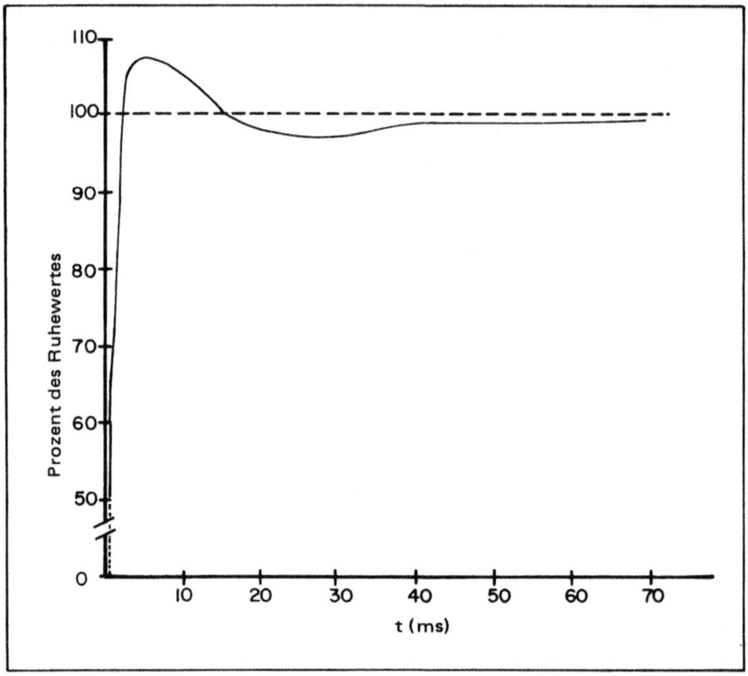

Abb. 3: Erregbarkeit motorischer Nervenfasern nach Stimulation. Die Erregbarkeit wird in Prozent des Ruhewertes angegeben. Durch Extrapolation der Erregbarkeit auf O erhält man die absolute Refraktärzeit. Beachte, daß sich eine relative Refraktärphase und eine Phase erhöhter Erregbarkeit anschließen.

Es ist deshalb unmöglich, daß eine Nervenzelle kontinuierlich gereizt ist oder in einen Tetanus-ähnlichen Zustand verfällt wie eine Muskelfaser. In Nervenfasern gibt es weder Summation noch Verschmelzung von Einzelimpulsen; innerhalb der Grenzen ihrer Erregbarkeit reagiert die Nervenfaser immer mit gleichstarken Impulsen. Die einzige Möglichkeit zu einer Modifikation besteht bei der Frequenz. In Säugetiernerven beträgt die maximal mögliche Frequenz unter Verwendung von Elektrostimulation etwa 1000 Hz [24]. Praktisch erfordern beim Menschen die meisten Muskelkontraktionen höchstens 50 Impulse pro sek. [31].

Die Einzelimpulse am Nerven müssen sowohl zwischen Nerven als auch zum Erfolgsorgan übertragen werden, um aus der ursprünglichen Information eine Reaktion einzuleiten. Diese Übertragung geschieht an den Synapsen, den Verbindungsstellen zwischen erregbaren Geweben. An den Synapsen erfolgt die Erregungsübertragung nicht elektrisch, sondern chemisch durch Ausschüttung von Überträgersubstanzen aus Bläschen, die in der präsynaptischen Membran liegen. Nach Durchqueren des synaptischen Spaltes wird die Überträgersubstanz an Rezeptoren gebunden und löst dadurch eine Erregung aus. (Einzelheiten dazu s. Lehrbücher der Physiologie.) Unabhängig von der Art der Erregung einer Nervenfaser verläuft die Übertragung eines Impulses immer in derselben Weise. Deshalb können durch transkutan applizierte elektrische Ströme ähnliche Muskelkontraktionen hervorgerufen werden wie durch physiologische Aktivität. Grundsätzlich jedoch unterscheidet sich die physiologische Muskelaktivität von der künstlich induzierten durch asynchrones Verhalten der einzelnen Muskeleinheiten und in der Reihenfolge ihres Einsatzes bei der Kontraktion.

Erregung und Kontraktion von Muskulatur

Die Funktion der Muskeln wird üblicherweise als Umformung eines Nerven-Signals zu Kraft gedeutet. Die meisten funktionellen Aktivitäten erfordern eine kontinuierliche synergistische Betätigung mehrerer Muskelgruppen; allen liegt der gleiche Mechanismus der Muskelkontraktionen zugrunde.

Morphologisch besteht ein einzelner quergestreifter Muskel aus langen Zellen, den Muskelfasern (s. Abb. 4). Diese zylindrischen Strukturen haben unterschiedliche Größe und bestehen aus Myofibrillen. Abhängig von der Größe und Funktion des Muskels variiert die Anzahl der Myofibrillen pro Muskelfaser. Innerhalb der Myofibrillen befinden sich die Myofilamente, welche aus einem hochorganisierten Muster dünn- und dickschichtiger Proteine, die sich kontrahieren können, bestehen. Die Verzahnung und die Anordnung der Myofilamente in sich wiederholende Einheiten (Sarkomere) bedingt das quergestreifte Erscheinungsbild und stellt gleichzeitig die Grundeinheit der Krafterzeugung dar.

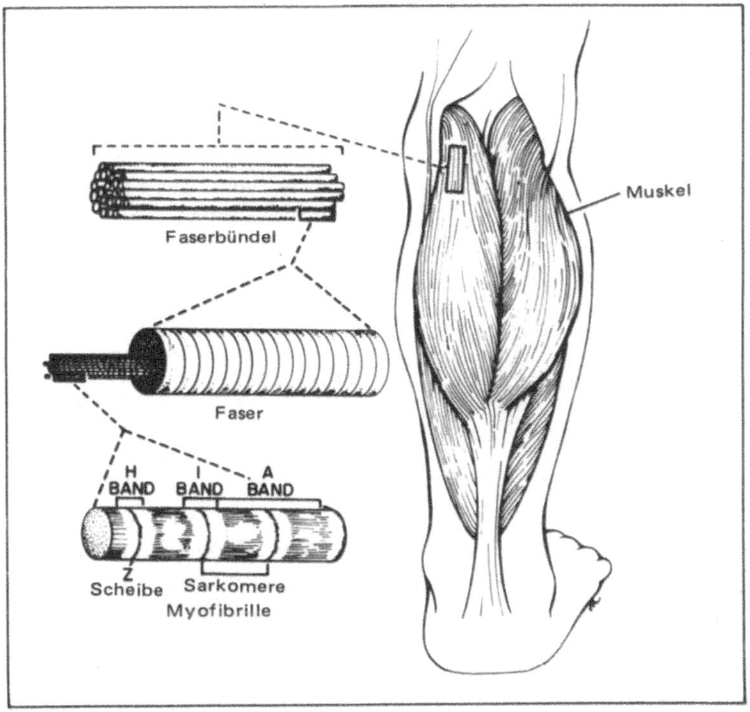

Abb. 4: Morphologische Strukturen des Skelettmuskels.

Obwohl quantitative Unterschiede aufgrund verschiedener Strukturen von Nerven- und Muskelzellen existieren, entsprechen die Vorgänge, die zur Muskelkontraktion führen, den Grundvorgängen an der Nervenmembran. Der auslösende Impuls wird entlang der Nervenfaser zu den Enden des Axons geleitet. Die Überträgersubstanz Acetylcholin diffundiert durch den synaptischen Spalt zwischen Nerven- und Muskelzellmembran und reagiert mit Rezeptoren der Muskelfaser in der „motorischen Endplatte", was zur Depolarisation der Oberflächenmembran führt. Ähnlich dem physiologischen Vorgang verläuft die Muskelreizung mit Hilfe der Elektrostimulation, denn die Reizschwelle des Nervengewebes liegt tiefer als die der Muskeln (s. Abb. 2). Mit einem entsprechenden Reiz kann auch der

Muskel direkt zur Kontraktion angeregt werden, und zwar mechanisch, chemisch, elektrisch und auch thermisch; entscheidend ist das Erreichen der Reizschwelle.

Wie für den Nerven gilt auch für den Muskel das „Alles oder nichts"-Gesetz. Auf jeden adäquaten Reiz erfolgt eine Kontraktion unabhängig von der Stärke des Reizes. Die Kraft einer Muskelkontraktion kann jedoch durch die Reizdauer verändert werden. Da zwar die Fasermembranen, nicht aber die Myofilamente einer Refraktärphase unterliegen, kann durch wiederholte Stimulation die Stärke der Muskelkontraktion erhöht werden. Während die Myofilamente sich zu kontrahieren beginnen, ist die Membran schon wieder bereit, den nächsten Reiz zu übertragen. Dieser trifft dann auf sich bereits überlappende Filamente und verstärkt so die Kontraktion. Steigt die Reizfrequenz, erhöht sich die Stärke der Muskelkontraktion, und Einzelkontraktionen sind schlechter zu unterscheiden. Diesen Vorgang bezeichnet man als „Summation" und die Verschmelzung von Kontraktionen als „Tetanus". Wesentlich dabei ist, daß die sich entwickelnde Muskelkraft während einer Dauerkontraktion wenigstens 4-mal so groß ist wie bei einer Einzelkontraktion. Es sei noch einmal darauf hingewiesen, daß diese Kraftentfaltung ausschließlich auf einer Frequenzänderung der auslösenden Reize und nicht auf einer Veränderung ihrer Stärke beruht.

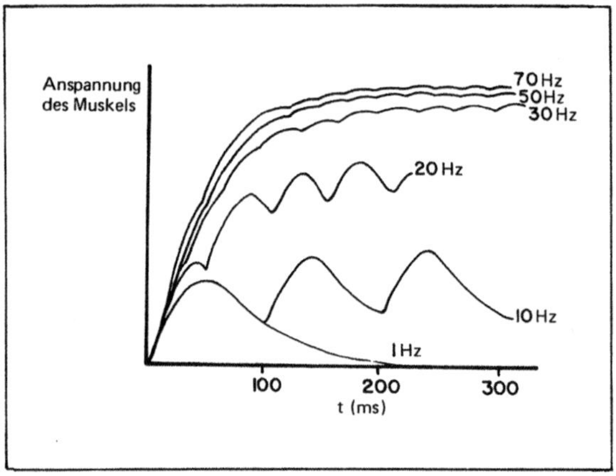

Abb. 5: Summation von Kontraktionen und Tetanus. Einer einzelnen Muskelzuckung (links unten) folgt eine Serie von Einzelreizen mit entsprechenden Muskelreaktionen bei verschiedenen Frequenzen. Je kürzer der Abstand zwischen den Einzelimpulsen wird, desto weniger Möglichkeit hat der Muskel, wieder seine Ausgangslage einzunehmen. Bei ansteigender Frequenz summieren sich die Kontraktionen übergangslos (Tetanisierung).

Jedoch auch durch Verstärkung des Reizes kann die Muskelkontraktion verstärkt werden. Die Reizverstärkung führt zur Reaktion einer größeren Anzahl von Muskelfasern. Unter Versuchungsbedingungen kann eine einzelne Myofibrille und sogar ein einzelnes Sarkomer eines innervierten Muskels so isoliert werden, daß die Grundlagen der Muskelkontraktion demonstriert werden können. Die kleinste funktionelle Einheit eines Muskels wird durch das Innervationsgebiet eines motorischen Neurons gebildet. Die Anzahl der Muskelfasern innerhalb einer solchen Einheit und auch die Anzahl dieser Einheiten innerhalb eines Muskels variieren in Abhängigkeit von der Größe des Muskels und seiner Funktion. Große Muskeln mit großer Kraftentfaltung besitzen regelmäßig mehr und größere solcher Einheiten als kleine Muskeln für fein abgestufte und kontrollierte Bewegungen; zum Beispiel enthält der M. gastrocnemius 1000 bis 2000 Muskelfasern pro Einheit [31], während die Kehlkof-, Rachen- und Augenmuskeln nicht mehr als 2–3 Fasern pro Einheit besitzen [24, 30]. Ein gereiztes motorisches Neuron erregt unter physiologischen Bedingungen alle Muskelfasern einer Einheit; die Grundeinheit der Kontraktionskraft wird daher nicht durch die einzelne Muskelfaser definiert, sondern durch einen einzelnen motorischen Nerv. Unter praktischen Gesichtspunkten stellt die geringste Kontraktionskraft immer die

Leistung mehrerer zusammenarbeitender motorischer Einheiten dar [35]. Aus dem Dargestellten folgt, daß die Steuerung der Muskelkraft sowohl durch Modulation der Reizfrequenz als auch durch Rekrutieren zusätzlicher motorischer Einheiten erfolgt.

Für den Vergleich mit der durch Elektrostimulation hervorgerufenen Kraftentwicklung bei einer Muskelkontraktion soll auf einige besondere Eigenarten der physiologischen Organisation und Rekrutierung von motorischen Einheiten hingewiesen werden. Geht ein Reiz vom zentralen Nervensystem aus, werden motorische Neurone asynchron erregt, d.h. sie werden zu verschiedenen Zeiten rekrutiert und feuern mit verschiedenen Frequenzen. Das hat zur Folge, daß sich die von ihnen innervierten motorischen Einheiten zu unterschiedlichen Zeiten kontrahieren und entspannen. Aufgrund der zeitlichen Variation bei der Reizauslösung und der Tatsache, daß die einzelnen Fasern einer motorischen Einheit über den Gesamtmuskel verteilt sind, ergibt sich eine gleichmäßige Kontraktion mit einer einheitlichen Kraftverteilung über den gesamten Muskel. Asynchrone Aktivität erleichtert es außerdem, eine schon bestehende Kontraktion aufrecht zu erhalten, da sie nicht das ständige Feuern derselben motorischen Einheiten erfordert. Dieses unterscheidet grundsätzlich die physiologische von der elektrisch induzierten Erregung, da bei dieser nur eine begrenzte Anzahl von Nervenfasern und motorischen Einheiten gereizt wird. Die betroffenen Muskelfasern werden kontinuierlich mit der Frequenz des externen Reizes erregt. Das kann nicht nur zu einer schnellen Ermüdung der Myofilamente führen, sondern auch eine Verstärkung der Stimulation notwendig machen, um durch Rekrutieren zusätzlicher motorischer Einheiten mit einer möglicherweise höheren Reizschwelle eine andauernde Kraftentfaltung des gesamten Muskels zu erhalten. Ein weiterer Unterschied zwischen natürlicher und elektrisch induzierter Erregung besteht in der Reizbarkeit. Eine physiologische Erregung beginnt mit der Aktivierung kleiner Motoneurone und kleiner, langsamer motorischer Einheiten, gefolgt von größeren, schnelleren und stärkeren Einheiten [31]. Bei elektrischer Stimulation reagieren die am leichtesten erregbaren Einheiten zuerst. Im innervierten Muskel beginnt die Erregung im motorischen Nerven, und die Erregungsausbreitung folgt der Reizschwellenkurve für periphere Nerven. Die großen Nervenfasern, einschließlich der, welche die großen, schnellen und leichter ermüdbaren motorischen Einheiten innervieren, werden zuerst erregt. Die kleineren, langsameren motorischen Einheiten, welche aufgrund ihres Stoffwechsels für längere Zeit ohne Ermüdungserscheinungen Kontraktionen aufrechterhalten können, kontrahieren sich erst dann, wenn der Reiz verstärkt oder in einer Weise geändert wird, daß die Reizschwelle für die kleineren Nervenfasern überschritten wird. Im allgemeinen liegen außerdem die schnellen, leicht ermüdbaren Muskelfasern, die durch größere, leichter erregbare motorische Nerven versorgt werden, oberflächlicher als die kleinen weniger ermüdbaren Fasern [6]. Daher werden durch Oberflächenstimulation vorzugsweise die schnellen Fasern gereizt.

So wie die zeitliche Aufeinanderfolge der Stimulationsreize einen bestimmenden Einfluß auf die Muskelkontraktion hat, können auch andere Variable die Reaktion eines Muskels modifizieren. Während in einem Experiment üblicherweise Effekte wie Belastung des Muskels, Verkürzungsgeschwindigkeit bei einer Kontraktion u.a. am isolierten System und unter Vermeidung aller störenden Einflüsse untersucht werden, muß daran erinnert werden, daß bei normaler Muskelfunktion alle diese Faktoren zur tatsächlichen Muskelkontraktion beitragen. Da diese Abhandlung sich in der Hauptsache mit Elektrostimulation befaßt, wird auf die einzelnen mechanischen Variablen nur kurz hingewiesen. Da die Kraftentfaltung eines Muskels von seiner Ausgangslänge abhängig ist, gibt es für eine feststehende Reizanordnung eine optimale Länge des Muskels, bei welcher die Kraftentfaltung am größten ist (s. Abb. 6). Bei der Elektrostimulation eines Muskels ist deshalb besonders darauf zu achten, daß der Muskel zur Entfaltung seiner größtmöglichen Kraft auf die richtige Länge gebracht wird.

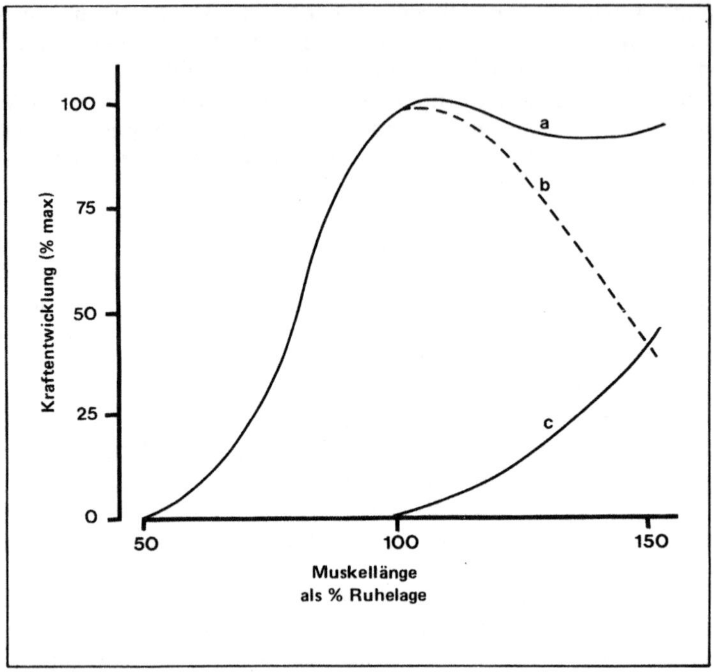

Abb. 6: Spannungs-Dehnungs-Kurve eines Skelettmuskels. Sowohl die Spannung, die ein Muskel während isometrischer Kontraktion erreicht, als auch die passive Zugspannung (c) eines stimulierten Muskels ändern sich mit der Länge der Muskelfaser. Der Unterschied zwischen den beiden Spannungen bei gegebener Länge entspricht der tatsächlichen Kraft der Kontraktion (b). Die Summe von b und c ergibt die Kurve a. Beachte den Verlauf von Kurve b, woraus ersichtlich wird, daß die aktive Spannung mit Verlängerung des Muskels über die optimale Länge hinaus abnimmt.

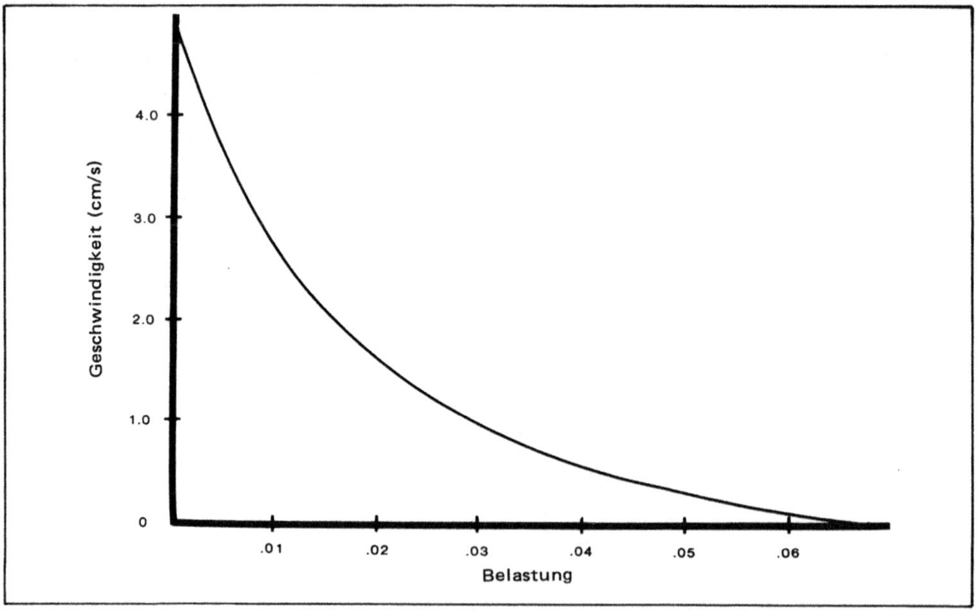

Abb. 7: Abhängigkeit der maximalen Verkürzungsgeschwindigkeit eines Muskels von der Belastung. Die Geschwindigkeit einer Muskelkontraktion ist umgekehrt proportional zur Belastung des Muskels. Wenn die Beanspruchung des Muskels wächst, läßt gleichzeitig die Geschwindigkeit der zugehörigen Bewegung nach. Bei einer vorgegebenen Belastung ist die Verkürzungsgeschwindigkeit eines Muskels am größten in Nähe der Ruhelänge und wird sowohl bei Verkürzungen, als auch bei Dehnungen des Muskels geringer.

Die Kraftentfaltung eines Muskels hängt auch von seiner Länge ab. Untersuchungen über die Beziehung zwischen Muskelkraft und Geschwindigkeit haben zu Kurven wie Abb. 7 geführt, die die Verkürzungsgeschwindigkeit bei einer Muskelzuckung in Beziehung zu verschiedenen Belastungen setzt. Die Last, die der Muskel nicht mehr heben kann, bestimmt den Schnittpunkt mit der X-Achse und die Geschwindigkeit, die ohne Last erreicht werden kann, bestimmt den Schnittpunkt mit der Y-Achse. Nicht so häufig wurde die Beziehung zwischen Kraft und Geschwindigkeit bei verschiedenen Vordehnungen eines Muskels untersucht. Aus funktioneller Sicht stellt die Dehnung eines Muskels bereits die Hälfte seiner Aktivität in vivo dar, insbesondere sind der Widerstand gegen äußerliche Krafteinwirkungen (z.B. Schwerkraft) und der Energieverbrauch sicherlich ebenso wichtige Muskelfunktionen wie die Abgabe von Energie. Das umgekehrte Verhältnis zwischen Kraft und Geschwindigkeit ist in Abb. 8 dargestellt. Die Abhängigkeit von der Verkürzung oder der Dehnung eines Muskels ist ersichtlich, obwohl sogar innerhalb eines einzelnen Muskels die Beziehung zwischen Geschwindigkeit und Kraft von Muskellänge und Reizfrequenz abhängt [36].

Wesentlich ist, daß die Reaktion eines Muskels durch die Geschwindigkeit der Längenänderung beeinflußt wird.

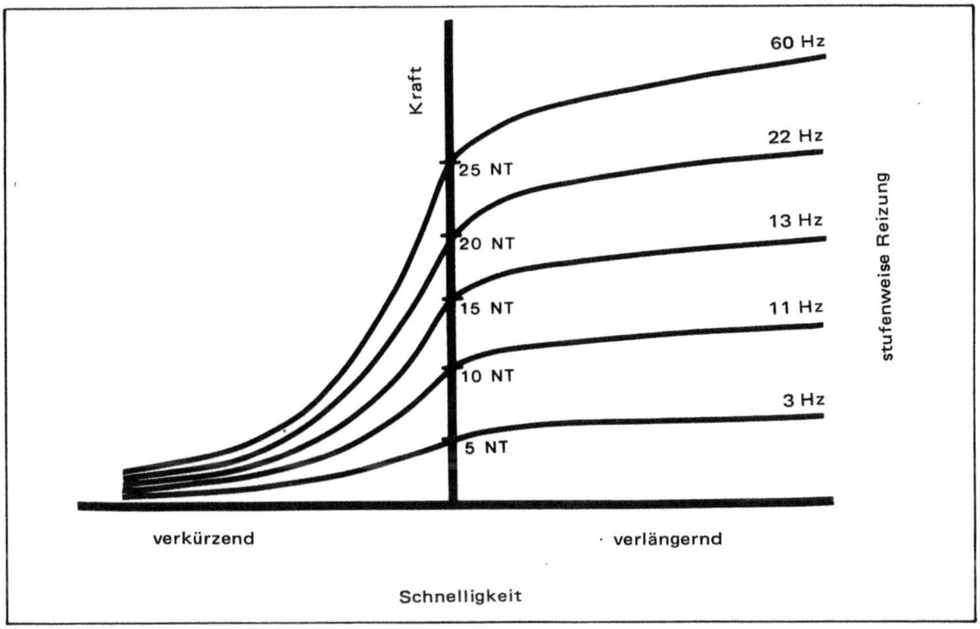

Abb. 8: Beziehung zwischen Reizfrequenz, Kraft und Geschwindigkeit der Längenänderung eines typischen Skelettmuskels. Ein sich dehnender Muskel entzieht der äußeren Last Energie und widersteht einer Bewegung mit größeren Kräften als ein Muskel in Ruhe (Geschwindigkeit = 0). Ein sich verkürzender Muskel gibt Energie an eine äußere Last ab, entwickelt aber weniger Kraft, als ein Muskel in Ruhe. Unter mechanischen Bedingungen steigert eine Erhöhung der Stimulationsrate die ausgeübte Kraft und das Tempo des Energieumsatzes.

Obwohl es nicht Gegenstand dieser Abhandlung ist, sei darauf hingewiesen, daß andere Eigenschaften eines Muskels seine Reaktion auf ein nervöses Signal beeinflussen. Hysterese zum Beispiel bezeichnet eine Abweichung der Muskeldynamik vom linearen Verhalten [38]. Verschiedene Beobachtungen dieser Abweichungen zeigen alle, daß Restwirkungen vorangehender Kontraktionen die folgenden Aktivitäten beeinflussen [38]. So reagiert ein Muskel auf Einzelimpulse nach einer Dauerstimulation sehr viel stärker als normal, d.h. der Muskel zeigt eine höhere Empfindlichkeit gegenüber dem Reiz. Die Bedeutung der Hysterese für die Elektrostimulation liegt darin, daß durch Abwandlung des Reizmusters die Muskelaktivität beeinflußt werden kann. Die Muskelreaktion nach Elektrostimulation basiert auf der Erregbarkeit von Nerven- und Muskelgewebe; jedoch können eine Reihe anderer Eigenschaften dieser Gewebe die Ergebnisse der Stimulation beeinflussen. Ebenso können auch die einzelnen Komponenten und Parameter der Elektrostimulation die induzierte Muskelreaktion verändern. Einige dieser spezifischen Prinzipien der Elektrostimulation werden im folgenden Kapitel erörtert.

3. Grundprinzipien der Elektrostimulation

Ionenfluß

Unter dem Einfluß eines elektrischen Feldes wird die Erregung von Nerven- und Muskelgewebe durch den Transport von Ionen durch die Gewebsmembran ausgelöst, wie Hodgkin und Huxley in den fünfziger Jahren beschrieben [28]. An der Berührungsstelle zwischen Elektrode und Gewebe wird der Elektronenstrom, der von der externen Spannungsquelle zu den Gewebselektroden fließt, in einen Ionenstrom im Gewebe umgewandelt. An der positiven Elektrode (Anode) wie auch in dem darunterliegenden Gewebe werden positive Ionen (hauptsächlich Natrium, aber auch Kalium) abgestoßen, während negativ geladene Ionen (hauptsächlich Chlor) gleichzeitig angezogen werden. Die negativ geladene Elektrode (Kathode) zieht die positiven Ionen an und stößt negative Ionen ab. Auf diese Art und Weise entsteht ein Ionenstrom. (Laut Definition fließen Ionen von + nach –.) Positive Ionen werden unter der Anode in die stimulierte Faser hineingebracht und an der Kathode hinausgezogen (Abb. 9). Obwohl die Ionen die Zellmembran an beiden Elektroden durchqueren, wird eine Erregung (Membran-Depolarisierung) in erster Linie an der Kathode beobachtet, weshalb sie „aktive" Elektrode genannt wird. In der Nähe der positiven Anode (oft „indifferente" Elektrode genannt) wird die Außenseite der Zellmembran noch positiver geladen, die Membran wird hyperpolarisiert und dadurch elektrisch inaktiver. Im Gegensatz dazu verringert negative Ladung an der Kathode die Potentialdifferenz an der Membran, und die Reizschwelle zur Einleitung eines Aktionspotentials wird erreicht. Wenn ein Aktionspotential erzeugt wurde, ist die weitere Reizung durch Elektrostimulation unnötig, da sie keinen Einfluß auf die Weiterleitung dieses Aktionspotentials hat.

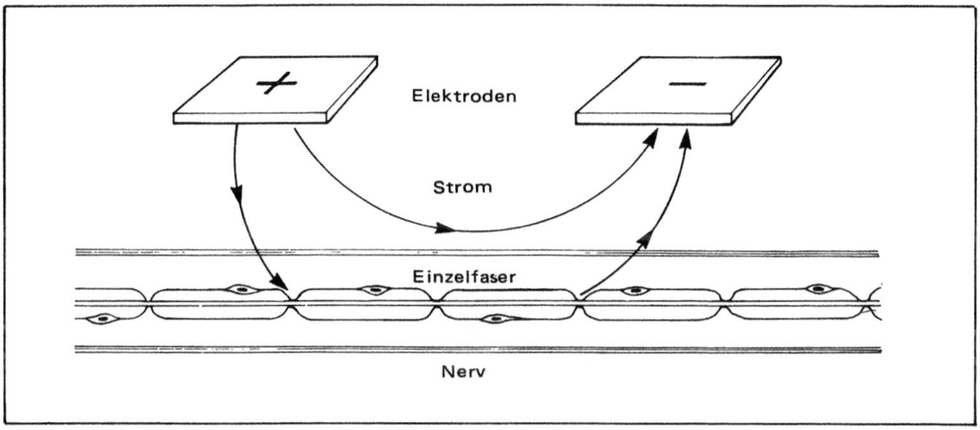

Abb. 9: Stromfluß zwischen positiver und negativer Elektrode. Zur Depolarisation kommt es dort, wo der Stromfluß die Membran verläßt, d.h. bei der Kathode.

Eine ganze Reihe von Faktoren beeinflussen die Wirksamkeit eines Elektroreizes, durch Oberflächenelektroden eine Nervenerregung auszulösen. Dazu gehören neben der Größe (welche die Stromdichte bestimmt) und der Lage der Elektroden auch die Impedanz (die Summe aus elektrischem Widerstand, Kapazität und Induktion) sowie Variable von seiten des elektrischen Reizes.

Impedanz

Strom fließt besser durch Stoffe mit einer niedrigen als durch solche mit einer hohen Impedanz. Folglich muß eine höhere Spannung aufgewendet werden, um einen vergleichbaren Strom durch einen Stoff mit hoher Impedanz und geringer Leitfähigkeit fließen zu lassen. Die verschiedenen Gewebe des menschlichen Körpers besitzen alle eine unterschiedliche elektrische Leitfähigkeit und Impedanz. Das Stratum corneum der Haut ist ein guter Isolator und stellt den Hauptwiderstand des menschlichen Körpers gegen elektrischen Strom dar [39]. Die relative Leitfähigkeit der anderen Gewebe ist in etwa proportional zu ihrem Wassergehalt und den verfügbaren Ionen: Muskel: 75%, Fett: 15%, Knochen und Haut: 5–16% [39].

Muskelgewebe leitet elektrischen Strom in der Längsrichtung ca. 4-mal besser als in der Querrichtung [39, 40]. Die Elektrodenanlagestellen wie auch das über dem zu stimulierenden Erfolgsorgan liegende Gewebe, wie zum Beispiel Haut, Fett oder Knochen, können den für eine Reizauslösung notwendigen Strom über die Impedanz beeinflussen.

Elektrodenanlagestellen und Elektrodengröße

Stromdichte ist definiert als Stromfluß pro Flächeneinheit und ein Maß für die Anzahl der Ionen, welche sich durch einen bestimmten Abschnitt einer Zellmembran bewegen. Die Gesamtstrommenge zwischen den Elektroden ist hierfür unwichtig. Niedrige Stromdichte bedeutet wenige Ionenbewegungen in einem bestimmten Gewebsareal, was unter Umständen zum Depolarisieren der Zellmembran nicht ausreicht. Normalerweise ist die Stromdichte an der Berührungsstelle von Elektroden und Gewebe am größten und nimmt mit Entfernung von den Elektroden ab.

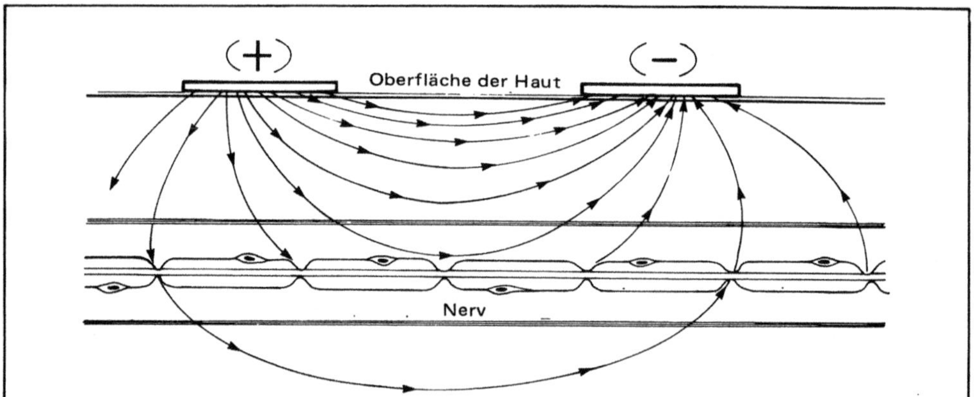

Abb. 10: Stromdichte. Die Stromdichte ist am größten an den Berührungsstellen von Elektroden und Haut und nimmt mit der Entfernung ab. Knochen und Fett haben eine höhere elektrische Impedanz und schwächen die Stromdichte in tiefer gelegenem Gewebe ab.

Werden kleine Elektroden in geringer Entfernung voneinander auf der Haut angelegt, wird das Gewebe relativ oberflächlich gereizt wegen der niedrigen Impedanz der Haut. Werden die Elektroden weiter voneinander entfernt plaziert, wird tiefer gelegenes Gewebe stimuliert. Das setzt jedoch eine einheitliche Impedanz im Gewebe voraus und entspricht daher nicht den physiologischen Gegebenheiten. Die tatsächliche Stromdichte in den einzelnen Gewebepartien hängt von den anatomischen Verhältnissen ab.

Auch die Elektrodengröße hat Einfluß auf die Stromdichte. Obwohl insgesamt derselbe Strom fließt, ist die Stromdichte bei einer kleinen Elektrode größer. Durch Verwendung größerer Elektroden wird die Gesamtstrommenge auf eine größere Fläche verteilt und folglich die Stromdichte geringer. Man kann also eine Elektrode ,,aktiver" machen, indem man eine kleine Elektrode möglichst nahe an den Nervenpunkt legt, und als indifferente Elektrode eine große Elektrode verwendet.

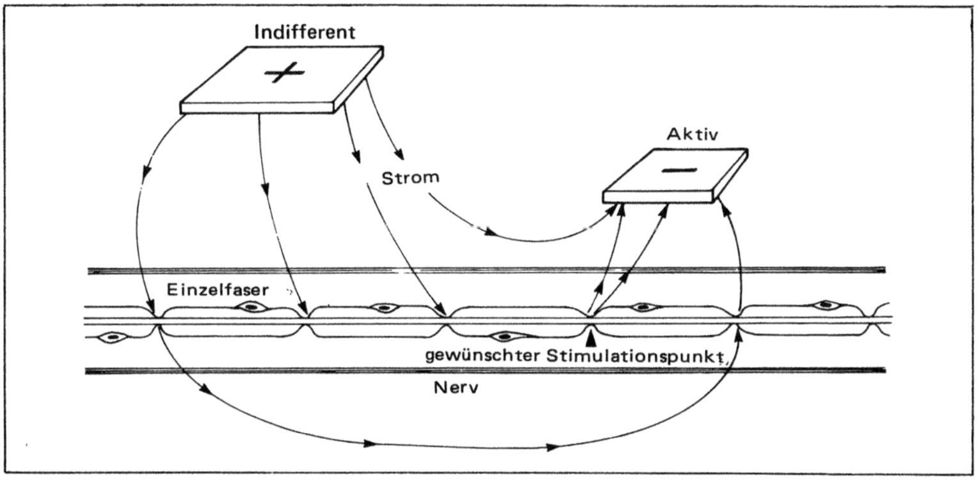

Abb. 11: Einfluß von Größe und Abstand der Elektroden auf den Stromfluß. Wird die aktive Elektrode möglichst nahe an dem zu stimulierenden Bereich plaziert, kann der zur Depolarisierung notwendige Strom beträchtlich verringert werden. Außerdem wird die unerwünschte Reizung des Nachbargewebes auf ein Minimum herabgesetzt.

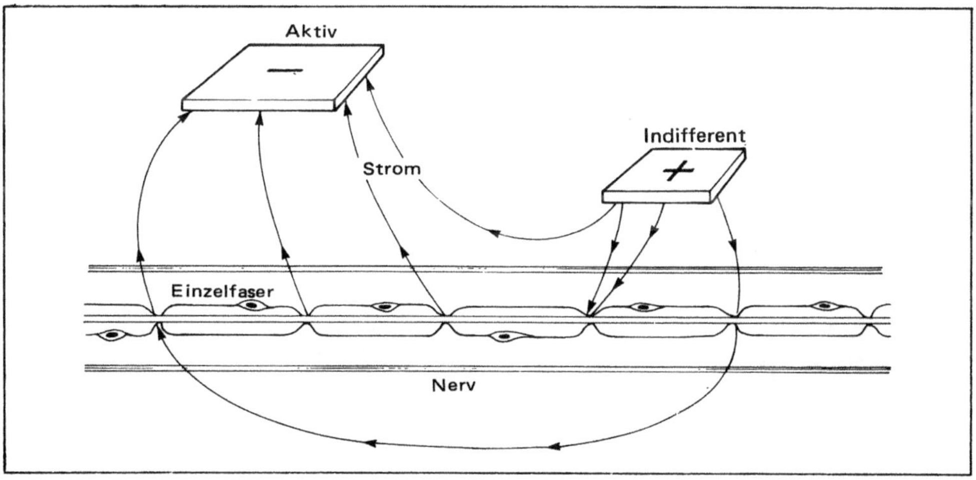

Abb. 12: Umkehrung der Polarität. Wird die Stromrichtung zwischen Elektroden von verschiedener Größe und Abstand vom Erfolgsorgan umgekehrt, ist eine größere Strommenge zur Depolarisierung nötig.

Wie in Abb. 12 dargestellt, fließt nach Umkehr der Polarität der Strom von der kleinen, nun indifferenten, zur großen, jetzt aktiven Elektrode. Wegen der größeren Entfernung der aktiven Elektrode vom Erfolgsorgan müßte zur Erreichung der gleichen Stromdichte wie vorher die Gesamtstrommenge wesentlich vergrößert werden.

Nicht nur die Elektrodengröße, ihr Widerstand und ihre Polarität sind entscheidend, sondern auch das Elektrodenmaterial spielt eine wesentliche Rolle bei der Wirkung eines adäquaten Reizstromes. Zum Beispiel können gute elektrische Leiter wie Kupfer, Silber, Silbersalze etc. unter dem Einfluß elektrischen Stroms toxische Stoffe abgeben. Elektrodenmaterial sollte deshalb immer daraufhin überprüft werden. Bei Oberflächenstimulation ist es außerdem von Bedeutung, daß die Elektrode ständigen Kontakt mit der Haut behält; sie muß also aus anschmiegsamem Material gefertigt sein. Auch die Verwendung von Kontaktmitteln wie Elektrodencreme oder -gel dient dem gleichen Zweck.

Stimulationsparameter

Impulsdauer und -stärke

Impulsdauer und -stärke müssen einen Minimalwert überschreiten, um eine Depolarisierung herbeizuführen. In Abbildung 13a ist beispielhaft dargestellt, wie eine gerade ausreichende Impulsstärke und -dauer die am nächsten gelegenen Nervenfasern erregt. Es ist zu beachten, daß Fasern mit größerem Durchmesser aufgrund ihrer niedrigeren Reizschwelle noch in größerer Entfernung von der Elektrode gereizt werden (s. Kapitel 2). Durch Erhöhung nur der Stromstärke (s. Abb. 13b) werden zusätzliche Fasern erregt (kleine Fasern in der Nähe, größere Fasern auch weiter entfernt).

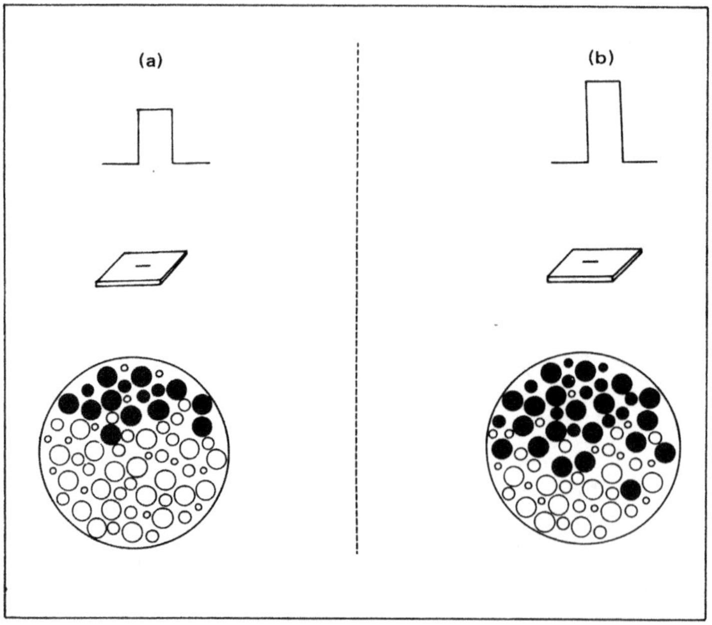

Abb. 13: Rekrutierung von Nervenfasern durch elektrische Reizung.
(a) Ein Impuls, dessen Stärke unmittelbar über der Reizschwelle eines Nervenbündels liegt, stimuliert die am nächsten liegenden und größeren Fasern.
(b) Verstärkung der Intensität führt zur zusätzlichen Reizung kleiner und auch weiter entfernt liegender Fasern.

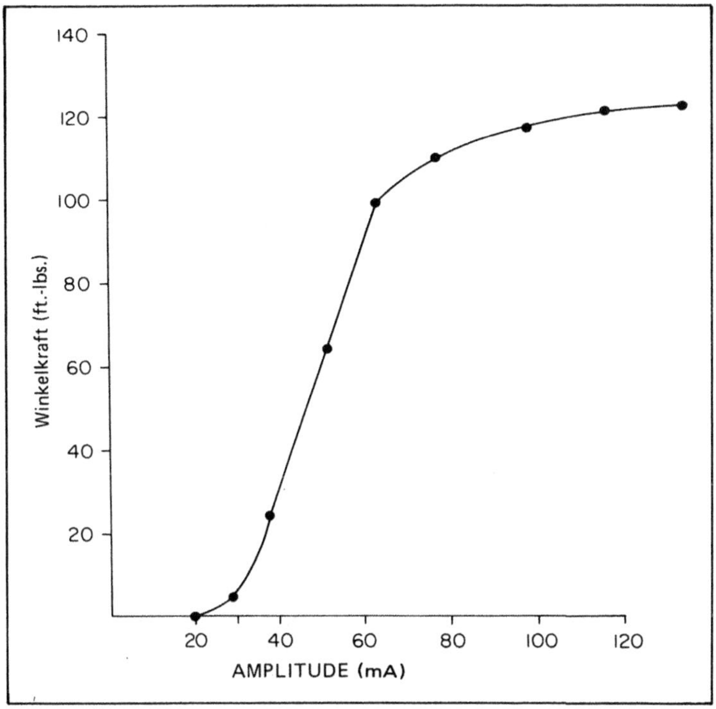

Abb. 14: Einfluß der Impulsamplitude auf die Muskelkraft. Stimuliert von 0 mA an, erfolgt zunächst keinerlei Reaktion des Muskels, bis die Reizschwelle erreicht wird. Die Stärke der Muskelkontraktion nimmt parallel zur Erhöhung der Stromstärke zu, bis die maximale Kontraktionskraft erreicht ist. Eine weitere Stromerhöhung führt zu keiner Verstärkung der Kontraktion. (Kurven-Daten: M. quadriceps femoris, Oberflächenelektroden, Impulsdauer: 300 μs, Frequenz: 35 Hz).

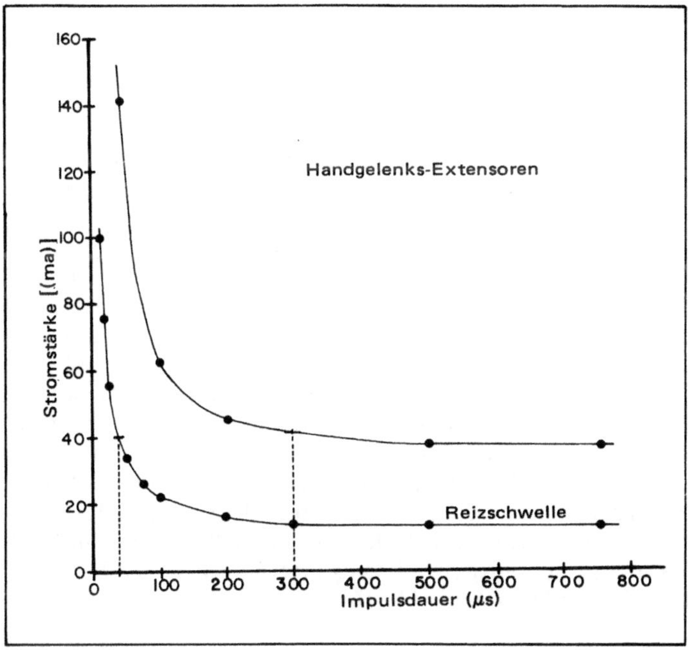

Abb. 15: Veränderung der zur Erregung notwendigen Impulsstärke (mA) und Impulsdauer (μs). Die Muskelkontraktion kann über die Impulsstärke, die Impulsdauer oder über beide, beeinflußt werden. Im einen Fall kann bei einer konstanten Impulsdauer von 300 μs die Kontraktionskraft zwischen Minimum (Reizschwelle) und Maximum durch Änderung der Impulsstärke zwischen 15 und 40 mA variiert werden. Andererseits kann bei einer konstanten Impulsstärke von 40 mA die Kontraktionskraft durch Variation der Impulsdauer zwischen 40 und 300 μs beeinflußt werden.

Abb. 14 zeigt die Abhängigkeit der Kontraktionskraft eines Muskels von der Stromstärke. Die Kurve hat die typische S-Form. Nach Rekrutierung aller motorischen Einheiten im Muskel bei ca. 80 mA erfolgt fast keine Kontraktionsverstärkung mehr.

Nicht nur über die Stromstärke, sondern auch über die Impulsdauer kann die elektrische Reizung von Nerven- oder Muskelfasern gesteuert werden. Die Kurven in Abb. 15 zeigen verschiedene Kombinationen von Impulsstärke und Impulsdauer, welche notwendig sind, um Nervenfasern auf zwei Niveaus zu erregen: 1. Reizschwelle der größten, am leichtesten erregbaren alpha-Fasern und 2. Maximale Muskelkontraktion, bei der alle Fasern gereizt sind. Beachte, daß die Muskelkontraktion durch Änderung allein der Impulsdauer (in diesem Fall 40–300 μs) bei konstanter Amplitude (hier 40 mA) gesteuert werden kann.

Anstiegszeit des Impulses

Die Zeit, in der ein Impuls ansteigt, ist ein wichtiger Faktor bei der Erregungsauslösung. Aufgrund bisher noch nicht genau bekannter Vorgänge an der Zellmembran zeigen sowohl Nerven- als auch Muskelfasern bei Reizung mit langsam ansteigenden Stromstärken das Phänomen der „Akkommodation", d.h. die Reizschwelle wird erhöht. Ein ansonsten nach Stärke und Dauer ausreichender Impuls wird bei langsamem Anstieg daher keine Erregung auslösen. Bei kurzer Anstiegszeit des Impulses spielt die Akkommodation keine Rolle.

Impulsfrequenz

Die Parameter des einzelnen Impuses bestimmen, *welche* Nervenfasern erregt werden. Die *Anzahl* der ausgelösten Reize hängt jedoch von der Impulsfrequenz (Anzahl der Impulse pro Sekunde) ab. Durch die Frequenz wird die Stärke der Muskelkontraktion beeinflußt (s. Abb. 5, Kapitel 2).

Obwohl eine durch Elektrostimulation hervorgerufene gleichförmige Muskelkontraktion funktionell einer normalen physiologischen Kontraktion ähnlich ist, erfordert sie mehr Energie und ist ermüdender. Normalerweise ist die Aktivität der Nerven asynchron, d.h. die motorischen Nerven werden zu verschiedenen Zeiten und mit unterschiedlichen Frequenzen erregt (s. Kapitel 2). Dementsprechend werden die motorischen Einheiten unterschiedlich gereizt: Physiologische Kontraktionen können daher mit Entladungsfrequenzen der Nerven von nur 5–25 Hz unterhalten werden [77]. Bei Elektrostimulation aber werden immer wieder dieselben Nervenfasern gereizt, was eine höhere Frequenz erfordert, um eine vergleichbare Kontraktion herbeizuführen (ausgenommen maximale Muskelkontraktionen). Bei Impulsfrequenzen von mehr als 30–40 Hz kommt es, wahrscheinlich aufgrund einer Verminderung von Überträgersubstanzen an den Synapsen zu schneller neuromuskulärer Ermüdung [78–82]. Außerdem ermüdet der Muskel selbst infolge Mangeldurchblutung [83, 84] während der Kontraktion und Erschöpfung des Energiestoffwechsels [85, 86] der kontraktilen Elemente. Aus diesen Gründen tritt bei elektrischer Stimulation eine Ermüdung schneller als unter physiologischen Bedingungen ein. Je höher die Impulsfrequenz, desto schneller ermüdet der Muskel (s. Abb. 16).

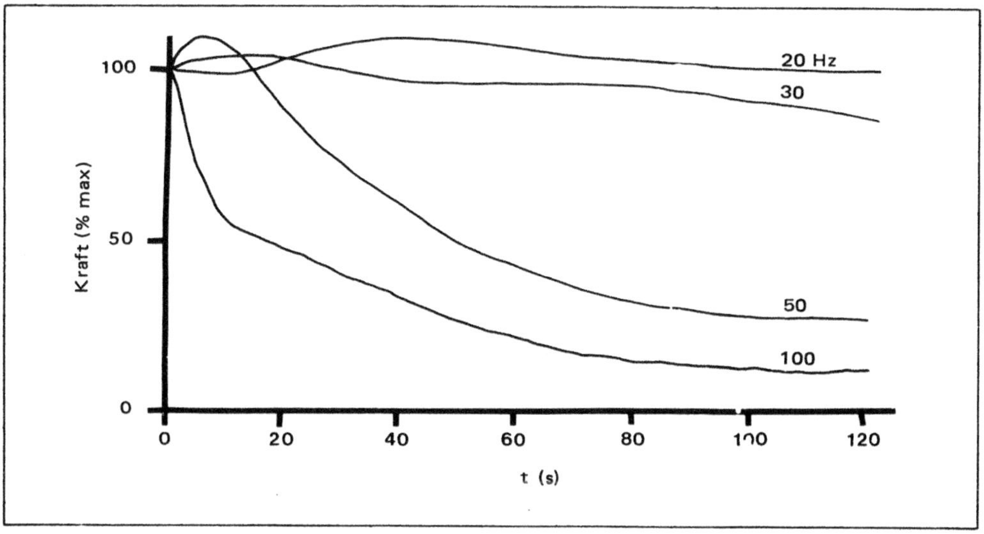

Abb. 16: Einfluß der Stimulationsfrequenz auf die Muskelermüdung. Der Eintritt der Muskelermüdung ist abhängig von der Stimulationsfrequenz. Die oben angegebenen Daten wurden mit einer implantierten Elektrode am N. peronaeus aufgezeichnet).

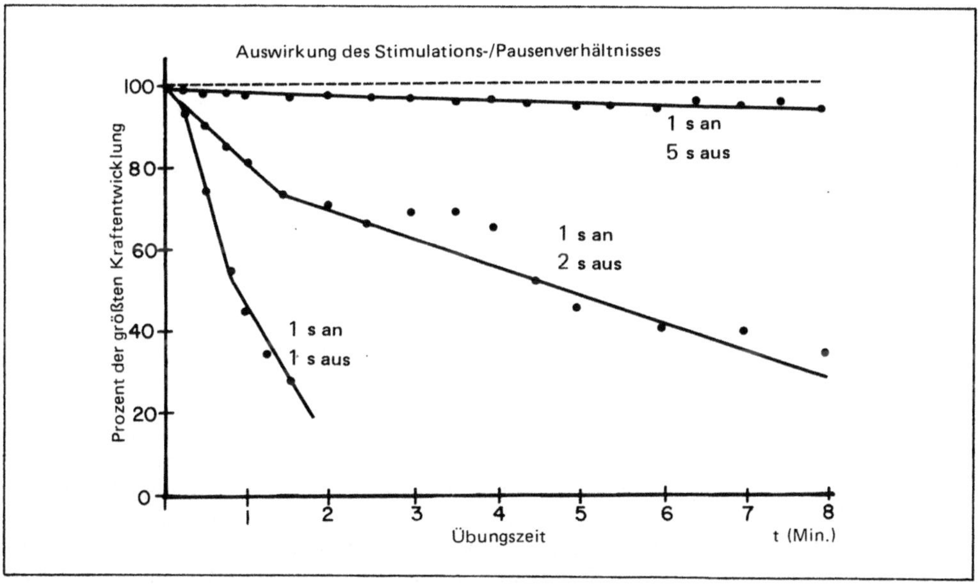

Abb. 17: Einfluß von Pausen- und Stimulationszeiten auf die Muskelermüdung. Das Einsetzen der Muskelermüdung wird durch das Verhältnis der Stimulations- zur Pausenzeit beeinflußt. Zum Beispiel kommt es bei einer Stimulationszeit von 1 Sek und anschließender Pause von 5 Sek kaum zur Ermüdung. Bei einem Verhältnis Stimulationszeit zu Pause von 1:1 setzt rasche Müdigkeit ein (Daten: N. peronaeus – Heben der Fußspitze).

Stimulations- und Pausenzeit

Eine wesentliche Eigenschaft jeden Elektrostimulators für den klinischen Gebrauch ist das Verhältnis zwischen Stimulations- und Pausenzeit, von dem die neuromuskuläre Ermüdung abhängt. Während der Stimulationszeit wird vom Generator eine Impulsfolge vorgegebener Stärke, Dauer und Frequenz abgegeben. Jeder Einzelimpuls ist ein separater Stimulus und bestimmt, ob eine Kontraktion erfolgt, während die Länge der Folge über die Kontraktionsdauer entscheidet. Durch die Pausenzeit erhält der Muskel eine Ruhe- und Erholphase vor Einsetzen der nächsten Impulsfolge. Abbildung 17 zeigt den Effekt verschiedener Kombinationen von Pausen- und Stimulationszeit auf die Ermüdung eines Muskels.

Um die Elektrostimulation angenehmer zu gestalten, kann die Schaltung eines Impulsgenerators so angeordnet werden, daß die Nerven- beziehungsweise Muskelfasern nicht gleichzeitig, sondern nacheinander gereizt werden. Dieses läßt sich durch graduelle Steigerung der Impulsstärke erreichen (s. Kapitel 5) oder auch durch Modulation der Impulsdauer. Im ersten Fall werden durch eine von Impuls zu Impuls steigende Stromstärke immer mehr Fasern gereizt, während im zweiten Fall dies durch eine stufenweise ansteigende Impulsdauer bei konstanter Impulsstärke erreicht wird. Die Einstellung der langsam ansteigenden Impulsstärke kann bei einigen im Handel erhältlichen Geräten verändert werden.

Form von Elektroimpulsen

Im Laufe der Zeit wurden eine ganze Reihe verschiedener Elektroimpulse zur Reizung von Nervenfasern ausprobiert. Im 18. Jahrhundert hat als einer der ersten Galvani eine Stromform beschrieben. Ein „Galvanischer Strom“ fließt ständig gleichförmig (Gleichstrom, s. Abb. 18a). Er wurde klinisch zur Durchblutungssteigerung, zur Behandlung von Neuralgien, Stenosen und Hämorrhoiden eingesetzt, außerdem zur Elektrolyse und für Iontophorese [87]. Galvanischer Strom kann jedoch keine andauernde und tetanische Muskelkontraktion auslösen, da nur beim Ein- und Ausschalten des Stromes eine Depolarisation erfolgt. (Die Auswirkungen galvanischer Stimulierung auf denervierte Muskulatur sollen hier nicht diskutiert werden.)

Eine andere Stromform wurde nach dem britischen Physiker Faraday benannt. Faraday wies nach, daß ein Strom in einer Primärspule in einer Sekundärspule einen Strom mit einer höheren Spannung induzieren kann. Der Strom in der Sekundärspule wird jedoch nur beim Ein- oder Ausschalten der Primärspule erzeugt (s. Abb. 18b). Die Anwendung dieser Stromform zur Reizung von Gewebe, führte zur Bezeichnung „faradischer Strom“. Faradischer Strom fand Anwendung, um tetanische Kontraktionen in innervierter Muskulatur auszulösen; seine Impulsdauer ist aber zu kurz, um denervierte Muskulatur zu erregen.

Sinusförmiger Wechselstrom (s. Abb. 18c) wird heute in den USA kaum bei der therapeutischen Elektrostimulation benutzt, während in Europa sein Anwendungsbereich weiter ist. Nichtsdestoweniger wird er auch für elektrodiagnostische Zwecke verwendet. Durch die Entwicklung moderner Elektronik wurde der faradische Strom bei der neuromuskulären Stimulation durch andere Stromformen ersetzt. Im allgemeinen benutzt man heute relativ leicht zu erzeugende Rechteckströme (Abb. 18d).

Rechteckstrom kann in verschiedenen Konfigurationen angewendet werden (s. Abb. 19). Wenn der Impuls bei 0 beginnt und nie unter diesen Wert fällt, wird er monophasisch genannt (s. Abb. 19a). (Einige Gerätehersteller nennen diese Stromform irrtümlicherweise „galvanisch“.) Dieser monophasische Rechteckstrom polarisiert die Elektroden und verur-

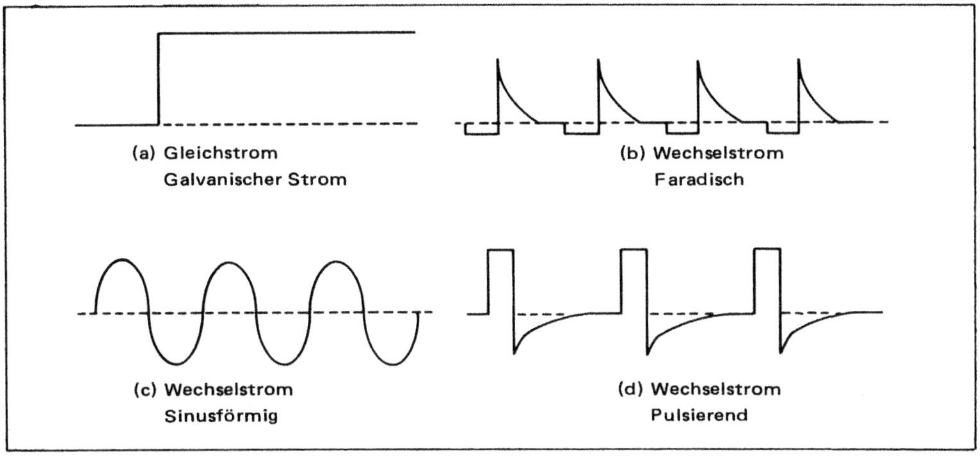

Abb. 18: Formen von Elektroimpulsen.
(a) Galvanischer Strom (Gleichstrom) fließt gleichmäßig und ununterbrochen.
(b) Faradischer Strom wird durch eine Induktionsspule erzeugt. Der Nettostromfluß beträgt Null.
(c) Wechselstrom folgt einer Sinuskurve bei jeder Frequenz.
(d) „Pulsierender" Strom hat einen Rechteckanteil und wird meist in einem Frequenzbereich zwischen 1 und 100 Hz angewendet. Der wesentliche Unterschied zwischen faradischem und pulsierendem Strom besteht in dem präziseren Aufbau der Rechteckkomponente.

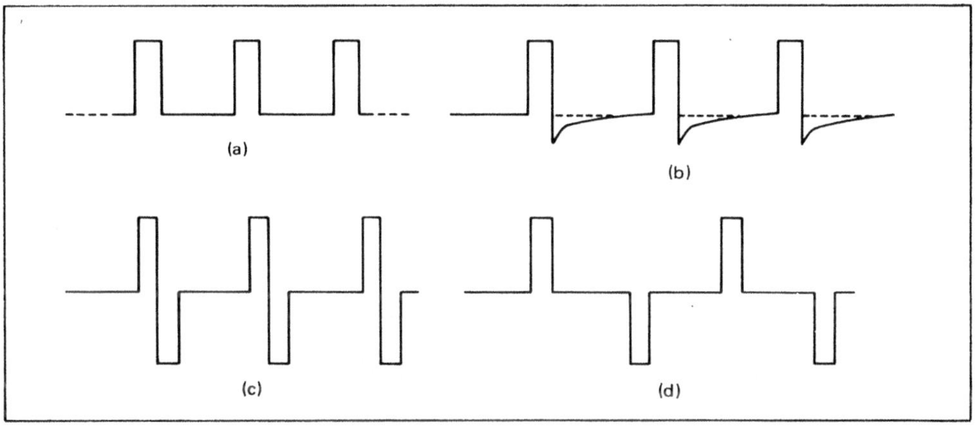

Abb. 19: Konfiguration pulsierender Ströme.
(a) Monophasische Ströme erzeugen einen Ionenstrom in einer Richtung.
(b) Asymmetrische, biphasische Ströme erzeugen Ionenstrom in beiden Richtungen.
(c) Symmetrische biphasische Ströme erlauben die Umkehr vieler chemischer Reaktionen. Beide Elektroden sind abwechselnd „aktiv" bei der Depolarisation der Nervenmembran.
(d) Alternierende, symmetrische, biphasische Ströme führen ebenfalls unter beiden Elektroden zu Depolarisation.

sacht einen ungleichmäßigen Ionenstrom im Gewebe, da er immer in derselben Richtung fließt, was aus klinischer Sicht Nachteile mit sich bringt. Solch ein gleichmäßiger Ionenstrom kann die Elektroden zerstören und Hautreizungen herbeiführen, insbesondere bei längerer Anwendung. Es ist wichtig, sich über die unerwünschten Nebeneffekte beim Gebrauch monophasischer Ströme im Klaren zu sein.

Durch Anwendung asymmetrischer, biphasischer Impulse lassen sich einseitige Ionenverschiebungen verhindern (s. Abb. 19b). Obwohl der Rechteckimpuls an der aktiven Elektrode eine sehr viel größere Amplitude hat als an der indifferenten, ist der Nettostromfluß gleich Null. Obwohl sich dadurch die Möglichkeit der Hautirritation stark vermindert, können immer noch einige chemische Reaktionen ablaufen. Diese können durch Verwendung biphasischer Impulse (s. Abb. 19c) weiter reduziert werden. Größe und Dauer des Stromflusses ist in beiden Richtungen gleich. Ähnliches gilt auch für die in Abbildung 19d dargestellte Stromform. Eine Reihe von Herstellern vertreibt zur Zeit sogenannte „Hochspannungsstimulatoren". Der von diesen Geräten produzierte Strom ähnelt dem faradischen. Meist fehlt jedoch der negative Anteil. Wie in Abbildung 20a dargestellt, werden die Impulse meist paarweise abgegeben. Ihre Dauer ist sehr kurz (2–20 μs). Dementsprechend müssen diese Impulse eine sehr hohe Amplitude haben (bis zu 500 V), um eine Erregung auszulösen.

Andere Hersteller, besonders in Europa, vertreiben „Hochfrequenzstimulatoren", die einen höherfrequenten Sinusstrom (2500 Hz) erzeugen. Wie in Abbildung 20b dargestellt, kann diese höhere Frequenz durch eine niedrige Frequenz moduliert werden. In unserem Beispiel ist die 2500 Hz-Sinus-Kurve in einen 10 ms dauernden Modulationsstrom „verpackt.

Eine andere Art von Elektrostimulator produziert sogenannte Interferenz-Ströme von 4000–7000 Hz (s. Abb. 20c). Diese Geräte produzieren mittels zweier Stromgeneratoren mit einer Phasenverschiebung von 90 Grad Sinusströme, wobei die Sinusströme in der Regel unterschiedliche Frequenzen haben. Die Frequenz des resultierenden Stimulationsstromes ändert sich entsprechend der Frequenzdifferenz zwischen den sich überlagenden Stromkurven.

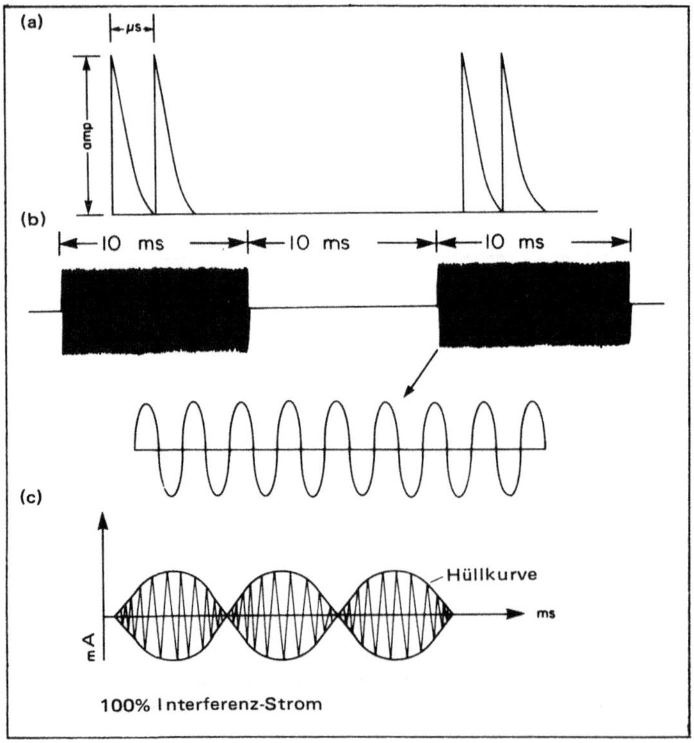

Abb. 20: Andere Formen von Stimulationsstrom.
(a) „Hochspannungs"-ströme mit paarigen Spikes sind meistens monophasisch, der Ionenfluß im Gewebe unidirektional. Wegen ihrer kurzen Dauer werden die Impulse paarweise angeordnet und erfordern eine hohe Amplitude zur Nervenstimulation.
(b) Höherfrequente Sinuswellen mit Intervallen von 10 ms. Die Frequenz der Intervalle ist variabel.
(c) Interferenz-Ströme an den Schnittpunkten von zwei Stromgeneratoren. Im günstigsten Falle wird die größtmögliche Interferenz im Erfolgsorgan erzielt und damit eine maximale Muskelkontraktion bei minimaler sensorischer Belastung.

Konstanter Strom und konstante Spannung

Ein anderer wichtiger Faktor hinsichtlich der Form des Stimulationsstromes ist die Art, in der Spannung beziehungsweise Strom vom Generator abgegeben werden. Elektrostimulatoren können konstante Spannung, konstanten Strom oder eine Mischung von beidem produzieren. Spannungskonstante Stimulatoren liefern unabhängig vom elektrischen Widerstand des Gewebes/der Elektrode die gleiche Spannung. Bei zunehmendem Widerstand (z.B. durch Verkleinerung der Elektrodenoberfläche) wird der Stromfluß proportional vermindert und dadurch das klinische Ergebnis verändert. Ein stromkonstanter Generator liefert unabhängig vom elektrischen Widerstand die gleiche Menge Strom; das klinische Ergebnis ist gleichförmiger und besser vorherzusagen. Stromkonstante Generatoren müssen aber zur Sicherheit des Patienten mit einer elektronischen Spannungsbegrenzung ausgerüstet sein, da Verbrennungen infolge größerer Stromdichte auftreten können, wenn der Kontakt zwischen Haut und Elektrode nicht aufrecht erhalten wird.

4. Allgemeine Anwendung der Elektrostimulation

Elektrostimulation hat vielfältige Anwendungsmöglichkeiten als therapeutisches Hilfsmittel bei der Behandlung von Erkrankungen des Bewegungsapparates (Nerven-, Muskel- und Skelettkrankheiten). Sofern die peripheren Nerven nicht geschädigt sind, kann bei vielen Patienten mit Störungen der Willkürmotorik durch Elektrostimulation die Muskelfunktion verbessert oder wiederhergestellt werden. Hierfür kämen in Frage:

- Patienten mit Zustand nach kortikaler Schädigung, wie zum Beispiel nach Schlaganfall oder Schädel-Hirn-Trauma,
- Patienten mit Zustand nach Rückenmarksverletzungen, insbesondere wenn keine vollständige Querschnittsläsion vorliegt,
- Patienten nach orthopädisch-chirurgischen Eingriffen, wie zum Beispiel nach Implantation eines künstlichen Gelenkes oder nach Knorpel- oder Sehenoperationen,
- Patienten mit Zustand nach Erkrankung peripherer Nerven, wie zum Beispiel Guillain-Barré-Syndrom oder Verletzung des Plexus brachialis.

Elektrostimulation wird seit längerem eingesetzt, um Atrophien denervierter Muskulatur zu verhindern. Daneben findet sie heute bei folgenden therapeutischen Maßnahmen Anwendung:

- Erhaltung oder Verbesserung der Gelenkbeweglichkeit einschließlich der Korrektur von Kontrakturen,
- Kräftigung von Muskulatur,
- Erleichterung und Verbesserung willkürlicher Muskelbewegungen, sowohl durch direkte Muskelreizung als auch durch sensible Rückkopplung,
- Verhinderung von Spastizität,
- Unterstützendes Training von Muskelpartien einschließlich des Ersatzes herkömmlicher Orthesen.

Erhalt der Gelenkbeweglichkeit

Eine gute Gelenkbeweglichkeit zu erhalten und damit muskuläres Ungleichgewicht und fibröse Veränderungen zu verhindern, ist ein Hauptproblem bei der Behandlung Behinderter oder gelähmter Patienten. Die konventionelle Therapie beschränkt sich auf tägliche, passive und aktive Übungen unter Aufsicht und Mithilfe eines Therapeuten oder der Familie. Die Elektrostimulation kann diese Art der Therapie wirkungsvoll unterstützen. bzw. ersetzen. Sie bietet den Vorteil eines wiederholbaren Programms, braucht kaum Überwachung und erfordert wenig oder keine aktive Beteiligung des Patienten. Ein Behandlungsprogramm sollte so ausgearbeitet sein, daß der zeitliche Ablauf genau festgelegt und eine vorgeschriebene Anzahl von Bewegungen durchgeführt wird. Meist genügt ein halbstündiges tägliches Training zum Erhalt der Beweglichkeit. Der Patient sollte sich in einer Position befinden, die den vollen Bewegungsablauf zuläßt, eine aktive Mitarbeit ist dabei nicht erforderlich. Unter Ausnutzung der Schwerkraft kann das zu bewegende Gelenk am Ende jeder Stimulationsperiode passiv wieder in seine Ausgangslage zurückkehren, wobei sich der Patient anderen Tätigkeiten widmen kann. Um die Gelenkbeweglichkeit insbesondere bei Spastizität zu erhalten, ist die Stimulation der agonistischen Muskulatur vorteilhaft [11, 41, 42, 43]. Sind Agonisten und Antagonisten an einem Gelenk spastisch, kann mit einem 2. Stimulationskanal eine Bewegung im Gelenk in beide Richtungen erreicht werden.

Korrektur von Kontrakturen

Bestehen bereits Gelenkkontrakturen, kann durch Elektrostimulation die Bewegungseinschränkung oft günstig beeinflußt werden [11, 41, 43]. Dabei werden die antagonistischen Muskeln wiederholt zu einer Streckbewegung stimuliert, um schrittweise die Beweglichkeit zu verbessern. Die Behandlung von Kontrakturen erfordert ein intensiveres Training als die Erhaltung der Gelenkbeweglichkeit. Für Letzteres genügen ca. 30 Minuten pro Tag, während zur Wiederherstellung der Beweglichkeit mindestens eine Stunde pro Tag anzusetzen ist. Diese Gesamtzeit kann in mehrere kürzere Trainingsperioden (z.B. 3 × 20 Min) aufgeteilt werden. Nach 1–2 Wochen muß zumindest eine geringgradige Verbesserung eingetreten sein. Die Gesamtdauer der Stimulationstherapie bis zur Wiederherstellung hängt von den am betroffenen Gelenk wirkenden Muskelkräften ab. Um zum Beispiel eine Kontraktur des besonders kräftigen M. gastrocnemius durch Stimulation der Fußheber zu behandeln, ist eine außerordentlich lange Behandlungsdauer erforderlich. Dieses liegt nicht nur an den unterschiedlichen Größen- und Kraftverhältnissen der Muskulatur auf der Beuge- und Streckseite des Unterschenkels, sondern auch an dem hohen Anteil von Bindegewebe im M. gastrocnemius, welches an der Kontraktur beteiligt sein kann. Zur Behandlung einer Kontraktur soll die Intensität der Stimulation ausreichen, um das Gelenk im verfügbaren Umfang zu bewegen. Wünschenswert ist eine etwas kräftigere Muskelkontraktion, die eine Bewegung gegen die Schwerkraft durch den gesamten Bewegungsspielraum eines Gelenkes möglich macht. Zu starke Muskelkontraktionen können durch Überstreckung im Gelenk, besonders an Knie und Ellenbogen, zu Bindegewebsentzündungen mit Schwellung und Schmerz führen. Die Gelenkbeweglichkeit kann nicht nur in einer Folge von Sitzungen, sondern auch während einer einzelnen Behandlung verbessert werden. Insbesondere bei Kontrakturen, die mit Spastik einhergehen, führt die Stimulierung eines Muskels häufig zur Tonussenkung des spastischen Antagonisten und damit zu einer Vergrößerung des Bewegungsumfangs. Gelegentlich kann eine vorangehende physikalische und psychologische Therapie den Behandlungserfolg der Elektrostimulation erheblich verbessern.

Muskelkräftigung

Im Rahmen klinischer Intensivprogramme ließ sich eine signifikante Muskelkräftigung durch Elektrostimulation nachweisen [5, 10, 41–45, 47]. In den meisten Fällen wurden mit solchen Programmen Inaktivitätsatrophien behandelt. Bis heute gibt es daher keine einheitliche Auffassung darüber, ob mittlere Stimulationsfrequenzen zwischen 10 und 100 Hz bei der Kräftigung atrophierter Muskulatur wirksam sind [48–52]. In einigen Veröffentlichungen wird behauptet, daß Hochfrequenzstimulation die Kraftentwicklung oder die Reaktionsfähigkeit eines Muskels verbessere [53, 54]. Ob diese jedoch auf einen tatsächlichen Zuwachs an kontraktilem Material oder auf eine erhöhte Reizempfindlichkeit des zugehörigen Nerven zurückzuführen ist, ist unbekannt. Dazu muß man weitere Forschungsergebnisse abwarten. Hier nun soll das weithin etablierte und bei paretischer Muskulatur sehr effektive Training von behinderten Patienten beschrieben werden.

Nach unseren Erfahrungen sind bei Kräftigungsprogrammen normalerweise 4–6 Stunden täglicher Stimulation über einen Zeitraum von 2–6 Wochen notwendig, bevor ein Behandlungserfolg festgestellt werden kann. Die tägliche Behandlung kann aus mehreren kürzeren Übungsphasen zusammengesetzt sein. Dauer und Stärke der Stimulation sollten besonders am Beginn der Behandlung mit einem Kräftigungsprogramm schrittweise erhöht werden. Die Tolerierung durch den Patienten sowie die Muskelermüdung begrenzen die Stimulationszeit anfänglich oft auf 30 Minuten pro Tag mit täglichen Steigerungen um 30 bis 60 Minuten. Vorteilhaft ist eine Kombination dieser Behandlung mit herkömmlichen isotonischen, isometrischen oder isokinetischen Übungen.

Patienten mit orthopädischen Erkrankungen, einschließlich Arthritiden und Zuständen nach akutem Trauma, die wegen Gelenkschmerzen oder aufgrund Ruhigstellung durch Gips oder Schiene immobilisiert waren, stellen die typischen Kandidaten, um Masse und Kraft der atrophierten Muskulatur zu erhöhen. Gut behandeln lassen sich auch Patienten, die aufgrund von Verletzungen höherliegender motorischer Neurone eine Muskelschwäche im Rahmen einer passageren Lähmung entwickelt haben. Einige potentielle Patienten können wegen erheblicher Fettleibigkeit nicht mit Elektrostimulation behandelt werden. Fett erhöht nämlich den elektrischen Widerstand zu dem darunterliegendem Muskelgewebe sehr stark und die Patienten tolerieren nicht die unangehmen Hautsensationen, die durch die erforderliche größere Impulsstärke hervorgerufen werden.

Patienten mit Rückenmarksverletzungen und teilweise erhaltener Innervation sind gelegentlich für Muskelkräftigung mit Hilfe von Elektrostimulation geeignet; es muß in jedem solchen Fall individuell entschieden werden, ob die verbliebene Menge an innvervierter Muskulatur eine praktikable und effektive Gestaltung eines Behandlungsprogrammes zuläßt. Die Entscheidung ist nicht immer einfach und sie wird noch schwieriger durch die Geduld und die Sorgfalt, welche bei der Suche nach passenden Elektrodenanlagestellen über innervierten, aber atrophierten Fasern aufgewendet werden muß.

Ein Patient mit einer peripheren Läsion, z.B. einer Plexus-brachialis-Verletzung, der eine graduelle, in ihrem Ausmaß nicht bekannte Reinnervation aufweist, ist auch ein potentieller Kandidat für Muskelkräftigung durch Elektrostimulation. Die Stimulation sollte auf Muskeln, die eine Tendenz zur Funktionswiederkehr zeigen, beschränkt werden. Die Indikation zur Elektrostimulation muß davon abhängig gemacht werden, ob die Menge der innervierten Muskulatur ausreicht, eine Kräftigung dieser Muskeln für den Patienten sinnvoll und praktikabel zu machen.

Die Entscheidung kann sehr schwierig sein, weil sowohl Innervation, als auch Funktionsrückkehr durch Atrophie maskiert sein können.

Potentielle Kandidaten für die Stimulationsbehandlung zur Wiederherstellung von Muskelfunktionen sollten einem kurzen Versuchsprogramm unterworfen werden, um die Behandlungsaussichten abzuklären.

Unterstützendes Training mit Elektrostimulation

Elektrostimulation kann erfolgreich eingesetzt werden zur „Neuromuscular facilitation", bei der Willkürbewegungen des Patienten durch motorische und sensorische Stimulation unterstützt werden. Dies soll an einem einfachen Beispiel erklärt werden: Fordert man einen Patienten auf, seinen M. quadriceps anzuspannen, wird er, insbesondere nach einer Gelenkoperation, aus Angst vor Schmerzen nur sehr widerstrebend dieser Aufforderung nachkommen. Eine durch Elektrostimulation ausgelöste isometrische Anspannung des M. quadriceps kann dem Patienten schnell und einfach zeigen, was für eine Übung er ausführen soll, und ihn davon überzeugen, daß sie mit nur sehr geringen oder gar keinen Schmerzen verbunden ist. Nicht selten helfen schon eine oder zwei Stimulationsbehandlungen Patienten, die ursprünglich keine oder nur geringe Willkürbewegungen ausführen konnten, kräftige Kontraktionen durchzuführen. Durch sensorische Rückkopplung, zum Beispiel durch das Fühlen der Muskelkontraktion und der Bewegung eines Gliedes und durch die Beobachtung der ausgeführten Bewegung, kann die Muskelkontraktion bei Patienten mit intaktem Nervensystem, deren Willkürbewegungen ineffektiv sind, erheblich verbessert werden [5, 9, 10, 12, 42, 44, 46, 55, 71].

Obwohl ein einfacher periodisch stimulierender Impulsgenerator für das Training ausreicht, kann es von Vorteil sein, einen getriggerten Apparat einzusetzen, bei dem der Impuls durch den Patienten ausgelöst wird. Mit einem entsprechenden Schalter zur Kontrolle der Stimulation kann der Therapeut unter Ausnutzung des optimalen Startpunktes die willkürliche Anstrengung des Patienten jederzeit bis zum Erreichen des gewünschten Effektes unterstützen. Die extern getriggerte Stimulation kann besonders wirkungsvoll sein, wenn ein Patient gerade wieder Willkürbewegungen auszuführen beginnt und er das Gefühl dafür wiederfinden muß. Hierbei handelt es sich wirklich um „funktionelle" Elektrostimulation, die den Patienten bei der Durchführung sinnvoller Bewegungen unterstützt. Besonders unter Anleitung eines Therapeuten werden außerordentlich gute Ergebnisse erzielt.

Im Gegensatz zu den Programmen für Muskelkräftigung, für Behandlung von Kontrakturen und von Spastizität erfordert die Anwendung von unterstützenden Trainingsprogrammen eine aktive Beteiligung des Patienten. Er sollte sich dabei aktiv bemühen, die vom Gerät induzierte Kontraktion durch eigene Anstrengung zu verstärken. Diese Behandlungsart wird mehrere Male am Tag in kürzeren Zeitabschnitten durchgeführt. Die einzelnen Trainingsperioden dauern selten länger als 15 Minuten, da Muskelermüdung und nachlassende Aufmerksamkeit des Patienten die Übungszeit begrenzen. Grundsätzlich kann diese Art der Stimulation auch bei geistig wenig beteiligten Patienten eingesetzt werden, da sie zumindest das Gefühl für Bewegungen verstärkt.

Potentielle Kandidaten für unterstützendes Training mit Elektrostimulation sind:

- orthopädische Patienten mit Muskelatrophien nach Inaktivität,
- Patienten in der Rekonvaleszenzphase nach kortikalen Verletzungen, für die eine Vielzahl von sensorischen und visuellen Eindrücken, insbesondere während der Phase, in der die Willkürbewegungen wiederkehren, vorteilhaft ist,
- Patienten mit Verletzungen peripherer Nerven oder inkompletten Querschnittslähmungen, die genügend Muskelsubstanz haben, aber lernen müssen, diese mit größtmöglichem Nutzen einzusetzen. Das schließt das Ausweichen auf andere Muskelgruppen und das Erlernen von „Bewegungstricks" (zum Beispiel Ausnutzen der Schwerkraft) ein,
- andere Patienten, denen eine verbesserte Muskelfunktion bei der Durchführung ihrer Willkürbewegungen hilft.

Verhinderung von Spastizität

Mit Hilfe von Elektrostimulation kann Spastizität gelegentlich verhindert werden [10, 46, 56–68]. Es ist jedoch nicht bekannt, auf welche Weise dies geschieht. Bei der Stimulation von spastischer Muskulatur wie auch von ihren Antagonisten sind verschiedene Methoden und Programme eingesetzt worden, wobei mit einigen von ihnen gute Resultate erzielt werden konnten. Höherfrequente Sinus-Ströme von 2000 Hz sollen Spastizität und Verkrampfungen für eine begrenzte Zeit reduzieren [66–68]. Man nimmt an, daß dieser Effekt auf einer Erschöpfung der Neurotransmittervorräte an der motorischen Endplatte und auch im Rückenmark beruht [66]. Reizung mit schwachen, niederfrequenten Strömen (1–4 Hz) hat ebenfalls zu einer Verminderung der Spastizität geführt und einen Beugereflex ausgelöst [58–65, 69]. Verschiedene Mechanismen wurden zur Erklärung dieser Erscheinungen herangezogen, unter anderem sensorische Gewöhnung in Verbindung mit Hautreflexen [61, 62], Unterdrückung der Aktivität von Synapsen im Rückenmark [63], andere inhibitorische Mechanismen im Rückenmarkt [58, 60] sowie andauernde Hyperpolarisation von Ia-Fasern [70].

In unseren eigenen Untersuchungen hat auch die wiederholte Stimulation des Antagonisten mit „pulsierenden" Strömen (s. Abb. 18d) von mäßiger Spannung und mittlerer Frequenz bei der Behandlung von Spastizität günstige Ergebnisse gezeigt [56]. Zum Beispiel besserte eine 20-minütige Stimulation des M. quadriceps unmittelbar vor der Geh-Schule die sonst stark störende Spastizität der Oberschenkelbeuger erheblich. Auf ähnliche Weise verminderte die Stimulation der Unterarmstreckmuskulatur vor Beginn eines Hand-Trainings die dominierende Spastizität der Beugemuskulatur und machte damit die Hand funktionsfähig. Die Einstellung von Stimulations- und Pausenzeit sowie die Anstiegsflanke des Stimulationszuges werden sorgfältig dem Patienten angepaßt. Um unerwünschte Reflexe zu vermeiden, wird die Anstiegszeit recht lang gewählt und die Stimulationsperiode länger als gewöhnlich eingestellt. Mit den gegenwärtig von uns verwendeten Stimulationsarten scheinen die gereizten Muskeln einer Kontraktion eher zugänglich zu werden, während ihr Antagonist (der spastische Muskel) eher gehemmt wird. Diese Erscheinung beruht möglicherweise auf einer reziproken Hemmung, wie von Sherrington beschrieben [97].

Bei allen diesen Methoden hält jedoch die Spastizitätsverminderung nur wenige Minuten vor. Wirkung über mehrere Stunden wurde sehr selten beobachtet, und es scheint keine konstante Änderung der Wirkungsdauer bei Verlängerung der Stimulationszeit einzutreten. Die Behandlung von Spastizität erfordert also, im Gegensatz zu anderen Behandlungsprogrammen, bei denen nach einer begrenzten Anzahl von Stimulationen ein dauerhafter Erfolg eintreten kann, langfristige, wiederholte Anwendung. Immerhin kann die Elektrostimulation dem Patienten unmittelbar bei der Durchführung einer speziellen Aufgabe Hilfe bieten.

Ersatz von Orthesen

Elektrostimulation kann in einigen Anwendungsformen Hilfestellung bei der Stabilisierung und der Kontrolle von Bewegungen bieten oder sogar eine mechanische Orthese ersetzen:
- durch Stimulation der Fußheber während eines Schrittes (bei Lähmungsspitzfuß),
- durch Stimulation der Fingerstrecker bei manuellen Tätigkeiten auf dem Tisch.

Einige Patienten mit zentralen neurologischen Ausfällen haben eine verminderte Funktion der Fußheber bei gleichzeitig stark ausgebildeter Wadenmuskulatur. Mit Hilfe eines Schalters, der im Schuh angebracht wird und so beim Gehen einen Reiz auslöst oder der vom Therapeuten per Hand bedient wird, kann bei ihnen das Laufen durch Stimulation der Fußheber wesentlich verbessert werden.

Dieser Typ getriggerter Stimulationssysteme kann bei Patienten mit inkompletter Querschnittslähmung die Beugung sowohl im Sprunggelenk, im Knie als auch in der Hüfte während der Schwingphase des Schrittes auslösen. Auch Kinder mit cerebralen Schädigungen sind für eine solche Behandlung geeignet [76]. Bei Patienten, bei denen der Tonus der Streckmuskulatur überwiegt, kann die Beugung mehrerer Gelenke von Nutzen sein; während im Stand die Streckmuskeln für ausreichende Stabilität sorgen, unterstützt die Stimulation des N. peronaeus über eine Beugebewegung das Vorwärtsbewegen der Glieder.

Getriggerte Elektrostimulation als Orthesenersatz kann auch durch Reizung der Streckmuskeln von Hüfte und/oder Knie zur Stabilisierung des Patienten im Stand beitragen oder – bei Reizung am Knie – für ausreichenden Bodenkontakt der Ferse am Ende der Schwingphase sorgen. Um ein „Über-Kreuz-Setzen" der Füße zu vermeiden, ist die Reizung der Hüftabduktoren von Vorteil.

Ebenso kann die getriggerte Elektrostimulation für Aktivitäten der oberen Extremität eingesetzt werden. Wichtig ist, daß die Geräte mit einem Handschalter bedient werden können, da die periodische Stimulation in solchen Fällen nicht praktikabel und uneffektiv ist. Die Stimulations- und Pausenzeiten müssen sorgfältig gewählt werden, nicht nur um dem Muskel genügend Erholungspausen zu gönnen, sondern auch um genügend Zeit zu haben, das Körperglied an den entsprechenden Ort zu bewegen und die „Stimulationshilfe" vorteilhaft zu nutzen. Bei einer periodischen Stimulation werden sehr hohe Anforderungen an die geistige Mitarbeit des Patienten gestellt, was er wann und wie zu tun hat, und er muß viel Übung mit einer elektrischen Orthese haben. Ein Therapeut, der Timing und Stärke der Stimulation mit einem manuell bedienten Gerät kontrolliert, kann auf die individuellen Erfordernisse eines Patienten eher eingehen. Eine Stimulation der Finger- und/ oder Ellbogenstrecker kann die Hand des Patienten in eine Position bringen, die ihm mit Hilfe einer Willensanstrengung die Durchführung funktioneller Übungen erleichtert. Besonders Patienten mit Spastizität der Finger und des Handgelenkes sind für die Behandlungsmethode geeignet.

Viele Patienten, bei denen Elektrostimulation als Orthesenersatz angewendet wurde, machten erhebliche Fortschritte bei der willkürlichen Kontrolle ihrer Bewegungen [72–75]. Nach mehreren Monaten täglicher Übung geben viele dieser Patienten ihre Geräte zurück, da sie sie nicht mehr benötigen, um ihre Gelenkfunktion zu erhalten.

Richtlinien und Kontraindikationen

Grundsätzlich gibt es kaum spezifische Kontraindikationen für eine Therapie mit Elektrostimulation, und die Richtlinien für ihre Anwendung sind dieselben wie bei jeder guten klinischen Therapie. Wie alle anderen Arten von Therapie sollte die Elektrostimulation vom Patienten toleriert werden und keine Schäden verursachen. Ein Behandlungsplan muß erstellt und der Therapieablauf aufgezeichnet werden. Die Stimulationsparameter müssen – bei genauer Kenntnis des verwendeteten Apparates – sorgfältig eingestellt werden und ständig dem klinischen Verlauf der Erkrankung angepaßt werden. Natürlich muß man für unerwartet auftretende Komplikationen ausgerüstet sein.

Vorsicht ist bei Patienten mit Herz-Kreislauf-Erkrankungen geboten, wie auch bei Patienten mit Demand-Herz-Schrittmachern, obwohl es keinerlei klinische Berichte über Schäden bei derartigen Patienten gibt. Bei Patienten mit Herzrhythmusstörungen oder Erregungsleitungsstörungen sollte zunächst ein Versuchsprogramm unter EKG-Kontrolle durchgeführt werden. Das gleiche gilt bei wesentlichen Änderungen des Stimulationsprogramms, z.B. bei geänderten oder zusätzlichen Elektrodenanlegestellen. Abb. 21 zeigt 2 Beispiele für EKG's vor und während Elektrostimulation. Es sei darauf hingewiesen, daß Oberflächenstimulation in der Regel ein Interferenzmuster mit dem EKG ergibt, dem aber keine pathologische Bedeutung zukommt.

Viele ältere Patienten sind als Herz-Kreislauf-Risikopatienten zu betrachten. Es wird daher empfohlen, in jedem Fall vor Therapiebeginn, zumindest eine Blutdruck- und Pulsmessung vorzunehmen*, auch wenn der Patient bisher kardial unauffällig war.

Außer den spezifischen Kontraindikationen müssen einige allgemeine Grundregeln bei dieser Behandlungsart beachtet werden:
- Die Elektroden sollen nicht auf offenen Wunden angelegt werden.
- Eine Kontraktion soll nicht die Heilung einer Operationswunde stören.
- Vor der Anwendung aktiver Übungen muß abgeklärt werden, ob der Patient aus medizinischer Sicht dazu in der Lage ist.

---

* Anmerkung des Übersetzers: Wegen der nicht bekannten Wirkung der Elektrostimulation auf den Fötus sollten Schwangere nicht behandelt werden.

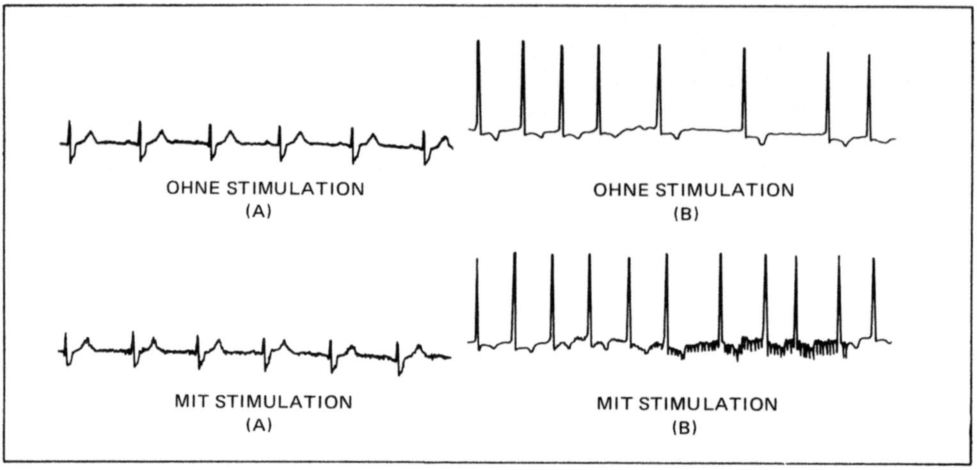

Abb. 21: EKG's vor und während ES. Die EKG's stammen von Patienten, welche für eine ES-Behandlung vorgesehen waren, aber wegen Veränderungen am Herzen als Risikopatienten betrachtet werden mußten. EKG A zeigt eine verlängerte Überleitungszeit mit gelegentlichen unifocalen supraventikulären Extrasystolen (nicht abgebildet). Bei ES des M. quadriceps zeigten sich außer der geringgradigen Interferenz in der EKG-Aufzeichnung keine Veränderungen. EKG B wurde von einem Patienten mit Vorhofflimmern abgeleitet. Diese Arrhythmie erfordert in jedem Falle vor Beginn der ES die Aufzeichnung eines EKG's. Bei Beginn der Stimulation der Schulter wurden die Oberflächensignale im EKG wiedergegeben, während der Herzrhythmus unverändert blieb.

- Bewegungsübungen an künstlichen Gelenken dürfen nie die technischen Winkelbegrenzungen überschreiten.
- Bei Patienten mit Rückenmarksverletzungen muß man wissen, ob operative Eingriffe durchgeführt wurden oder geplant sind, bei denen Elektrostimulation anwendbar ist.

Vorsicht ist bei Patienten mit Rückenmarksverletzungen außerdem geboten, da bei ihnen gelegentlich Überempfindlichkeitsreaktionen auftreten. Es gibt jedoch keinen Grund anzunehmen, daß Elektrostimulation dieses Phänomen stärker als andere Behandlungsarten beeinflussen sollte.

Eine Reihe von Faktoren kann einer sinnvollen Elektrostimulation entgegenstehen, zum Beispiel: Adipositas: eine Stimulation des Erfolgsorganes ist wegen des hohen elektrischen Widerstandes von Fettgewebe nicht möglich, ohne gleichzeitig die Schmerzrezeptoren in der Haut übermäßig zu reizen. Bei Patienten mit klinisch noch nicht manifester Neuropathie, wie sie nicht selten bei Diabetikern zu beobachten ist, kann es unmöglich sein, mit Wechselstrom mittlerer Stärke eine adäquate Muskelkontraktion zu erzeugen.

Während der ES können Hautirritationen oder auch stärkere Hautschädigungen auftreten. In solchen Fällen muß die Stimulation abgebrochen werden, oder die Stimulationsparameter und die Elektrodenanlagestellen müssen gewechselt werden. Durch eine genaue Protokollführung lassen sich Hautschäden meistens vermeiden, obwohl auch bei sorgfältigst überwachten Patienten infolge individueller Hautüberempfindlichkeit, allergischer Disposition oder Wundheilungsstörungen (wie z.B. bei Diabetes) Hautschäden auftreten können. Generell läßt sich das Auftreten von Hautschäden verhindern, indem man ein gutes Elektrodenkontaktmittel verwendet und für guten Kontakt zwischen Haut und Elektrode sorgt, welcher auch bei Oberflächenveränderungen durch Muskelkontraktion oder Bewegungen bestehen bleibt*. Die Elektroden sollen nicht direkt über prominenten Knochen angelegt werden oder in durch Bewegung erzeugten Hautfalten.

Die Durchführung einer ES-Behandlung ist nur sinnvoll, wenn der Patient physisch und psychisch diese Behandlung akzeptiert. Gegen den Willen des Patienten sollte man eine Elektrostimulation nicht durchführen. Einer der größten Vorteile der ES-Behandlung besteht darin, daß sie in feiner Abstufung dem Einzelpatienten angepaßt und entsprechend seinem momentanen klinischen Bild geändert werden kann. Ein weiterer Vorteil ist die zeitlich wenig aufwendige Überwachung des Therapieprogrammes. Dieses sollte den Therapeuten jedoch nicht dazu verleiten, die notwendige regelmäßige Beobachtung und Anleitung des Patienten bei der Durchführung der Therapie zu unterlassen, denn nur wenn der Patient ständig an die Grenze seiner Leistungsfähigkeit geführt wird, sind die besten Ergebnisse zu erwarten.

---

* Anmerkung des Übersetzers: Anwendung von kontinuierlichen oder unterbrochenen Gleichströmen führt zu Ionenverschiebungen im Gewebe und damit möglicherweise zu Reizerscheinungen unter der Elektrode. Durch Verwendung biphasischer Signale kann diese mögliche Störungsquelle ausgeschaltet werden.

5. Richtlinien zur Einstellung der Stimulationsparameter

Die auf dem Markt befindlichen Elektrostimulatoren bieten verschiedene Einstellmöglichkeiten der Stimulationsparameter: Stromstärke, Impulsdauer und Frequenz, Anstiegszeit des Impulses, Dauer der Stimulationsperiode und der Pausenzeit zwischen zwei Stimulationsperioden sowie die Behandlungszeit können variiert werden. Es gibt auch Geräte mit einem Mehr-Kanal-System und unabhängiger Schaltung der Kanäle und Anschlußmöglichkeit für zusätzliche Handschalter.

In diesem Buch werden die Stimulationsparameter und Elektrodentypen, mit denen im Rancho Los Amigos Hospital bei der Behandlung neuromuskulärer Erkrankungen gearbeitet wurde, beschrieben. Die Stärke einer durch Elektrostimulation ausgelösten Muskelkontraktion wird in erster Linie durch die Intensität des Stromes bestimmt. Für die meisten Patienten ist das „Stromgefühl" neu und erfordert Eingewöhnung. Es sollte deshalb am Beginn der Behandlung darauf geachtet werden, daß die Toleranzschwelle des Patienten nicht überschritten wird. In der Regel gewöhnt sich der Patient schnell an das für ihn neuartige Gefühl und stellt von sich aus den Strom so stark ein, daß er die gewünschte Bewegung durchführen kann. Diese Eingewöhnungsphase dauert im allgemeinen bei 1- oder 2-maliger Behandlung pro Tag nicht länger als eine Woche. Große Schwierigkeiten ergeben sich bei adipösen Patienten, da die bei ihnen zur Auslösung einer Kontraktion notwendige große Stromstärke selbst nach einer Eingewöhnungszeit heftige Schmerzempfindungen hervorruft, die von den Patienten nicht toleriert werden.

Auch die Impulsdauer spielt eine wichtigte Rolle im Hinblick auf Effektivität und Verträglichkeit der ES, da sie die Stromstärke beeinflußt: je kürzer die Impulsdauer, desto größer die Stromstärke, bzw. die Stromstärke kann bei längerer Impulsdauer niedriger gewählt werden (s. Kapitel 3). Bei einer Impulsdauer von weniger als 40 μs ist eine sehr große Stromstärke notwendig, um selbst die am leichtesten erregbare Muskelfaser zu reizen. Dauert ein Impuls länger als 400 μs, nähert sich die erforderliche Stromstärke einem konstanten Wert, der durch eine weitere Verlängerung der Impulsdauer nicht mehr unterboten werden kann (Rheobase). Die meisten Patienten ziehen eine Impulsdauer von ca. 300 μs einer von 50 oder 1000 μs vor [73, 100].

Die Stimulationsfrequenz hat in erster Linie Einfluß auf die Stärke der Muskelkontraktion und den Zeitpunkt der Ermüdung des Muskels. In Abhängigkeit von der jeweils gereizten Muskulatur liegen die Frequenzen, die notwendig sind, um eine kontinuierliche Kontraktion auszulösen, zwischen 15–50 Hz (s. Kapitel 2). Frequenzen zwischen 30–35 Hz sind im allgemeinen ausreichend zur Tetanisierung der meisten Muskeln. Bei längeren Behandlungsprogrammen jedoch sollte, um Ermüdungserscheinungen soweit wie möglich zu vermeiden, eine niedrigere Frequenz gewählt werden, welche gerade noch zur Tetanisierung ausreicht. Durch schrittweises herantasten aus dem unteren Frequenzbereich in den höheren, wird die minimale Frequenz gesucht, mit der eine tetanische Kontraktion ausgelöst werden kann.

Die Anstiegszeit der Impulsstärke oder -dauer beeinflußt die Verträglichkeit der ES. Die meisten Patienten empfinden eine Anstiegszeit von ca. 2 Sek. als angenehm. Bei Patienten mit schwerer Spastizität jedoch kann die Stimulation des antagonistischen Muskels mit einer so kurzen Anstiegszeit zu unerwünschten Reflexen führen; eine Verlängerung der Anstiegszeit auf bis 8 Sek. ist manchmal notwendig. Eine sehr lange Anstiegszeit zieht eine lange Stimulationsdauer von bis zu 6 Sek. nach Erreichen der maximalen Stromstärke nach sich. Beim Einstellen des Anstiegs muß man darauf achten, daß sie kürzer als die Stimulationszeit ist. Überschreitet die Anstiegszeit die Stimulationszeit, läßt sich manchmal keine Muskelkontraktion auslösen.

Am Anfang einer Behandlung sollte mit einem Verhältnis Stimulationszeit: Pausenzeit von 1:3 gearbeitet werden, damit die Muskulatur nicht zu schnell ermüdet. Die Anstiegszeit ist nicht in der Stimulationszeit enthalten und muß zu ihr addiert werden. Bei einer Anstiegszeit von 2 Sek. und einer 4 Sek. langen Stimulationszeit ergibt sich eine „totale Stimulationszeit" von 6 Sek.; eine Pausenzeit von 12 Sek. ist ausreichend für ein Verhältnis Stimulations-: Pausenzeit von 1:3. Bei einer Behandlung über mehrere Wochen kann die Pausenzeit schrittweise bis auf ein Verhältnis 1:1 verkürzt werden. Wir haben bei einigen Muskelgruppen im Verlaufe einer sechswöchigen Behandlung eine Stimulationszeit von 16 Sek. (einschließlich 2 Sek. Anstiegszeit) bei einer Pausenzeit von nur 4 Sek. erreicht [73]. Die Dauer einer einzelnen Behandlung beträgt, je nach den Therapiezielen und dem Zustand des Patienten, zwischen 15 Minuten für leichte Bewegungsübungen und 6 Stunden für Muskelkräftigung. Als Faustregel gilt, daß fast alle Patienten nach Ablauf einer Woche ein 30-Minuten-Programm ohne Ermüdungserscheinungen durchführen können. Bei Patienten mit schweren Atrophien kann es notwendig sein, die Behandlungszeit in der ersten Woche auf 15 Minuten zu begrenzen und diese dann schrittweise zu steigern.

Die Elektroden bestimmen wesentlich den Erfolg der ES und die Bequemlichkeit ihrer Anwendung. Die Elektrode soll dauerhaft und gut leitend am Körper des Patienten befestigt werden können. Wenn die Elektroden über mehrere Behandlungstage auf der Haut fixiert werden, kann die Vorbereitungszeit für die Stimulation erheblich verkürzt werden. Um sowohl große als auch kleine Muskelgruppen effektiv zu stimulieren, finden verschiedene Größen Anwendung. Es ist absolut erforderlich, daß die Elektroden aus einem flexiblen Material bestehen, das sich Bewegungen anpaßt, um jederzeit einen guten Kontakt zu haben, und das sich leicht zurechtschneiden läßt, um auch ungünstig geformte Körperregionen zu stimulieren (z.B. Fossa supraspinata oder die kleinen Fingerstreckmuskeln).

Die zur Zeit auf dem Markt erhältlichen Elektroden werden im allgemeinen mit Pflaster oder selbsthaftendem Kontaktmittel auf der Haut befestigt und können dort über mehrere Behandlungsperioden unverändert liegen bleiben. Mit Filz oder Schwamm überzogene Metallelektroden sind nur für sehr kurze Anwendung geeignet. Nach unseren Erfahrungen haben sich Elektroden aus kohlenstoffimprägniertem Silikon zusammen mit einem salzfreien Kontakt-Gel in der Praxis am besten bewährt; sie haben eine gute Leitfähigkeit, gewährleisten einen dauerhaften Kontakt zwischen Körper und Stimulator bei minimaler Hautirritation und können auch während mehrerer Behandlungen an den Stimulationsstellen belassen werden. Die Plazierung der Elektroden am Körper ist ausschlaggebend für das Behandlungsergebnis (s. Kapitel 6–7). Das Aufsuchen von Stimulationspunkten für die Muskulatur ist relativ einfach: bei ausgeschaltetem Stimulationsstrom wird die indifferente (größere) Elektrode zeitweilig am Arm oder Bein, die aktive Elektrode über der erkrankten Muskelgruppe befestigt. Nach Einschalten des Stimulators wird die Impulsstärke langsam höher gedreht, bis eine gerade wahrnehmbare Muskelkontraktion ausgelöst wird. Durch Verschieben der aktiven Elektrode wird der grünstigste Stimulationspunkt (d.h. die Stelle der stärksten Kontraktion bei jener minimalen Impulsstärke) gesucht. Werden Kohlenstoffelektroden und Kontaktgel bei dieser Suche verwendet, ist darauf zu achten, daß sich das Gel nur unter der „probierenden" Elektrode befindet. An anderen Hautstellen verbliebene Gelreste müssen entfernt werden, da sonst die Stromverteilung nicht gleichförmig bleibt.

Als Alternative zum Kontaktgel kann zum Aufsuchen der Stimulationspunkte auch ein ganz gewöhnlicher nasser Haushaltsschwamm in Verbindung mit der Elektrode benutzt werden. Dieser Schwamm sollte nicht dicker als 1 cm sein und auf die Größe der Elektrode zugeschnitten werden.

6. Elektrostimulation der unteren Extremitäten

Vor Beginn der ES soll ein Behandlungsplan erstellt werden, indem die erwünschten Muskelreaktionen und das Behandlungsziel festgelegt werden. Je nach der Bewegungsmechanik eines Gelenkes, der Muskelanatomie und den Kraftansatzpunkten der Muskulatur muß bestimmt werden, welche Muskelgruppen für eine Elektrostimulation in Frage kommen und welches Programm Anwendung findet. In diesem Kapitel werden die geläufigen Behandlungsformen der Beinmuskulatur beschrieben. Außerdem werden Vorschläge bezüglich Elektrodengröße und -plazierung gemacht, und es wird auf besondere Problemstellungen und Methoden zur Erfolgskontrolle eingegangen (allgemeine Anwendungsrichtlinien s. Kapitel 4).

Dorsalflexoren am Sprunggelenk (Fußhebung)

Die Muskeln, die zur Hebung des Fußes beitragen, werden häufig mit Elektrostimulation behandelt, besonders bei Patienten mit zentralnervösen Störungen. Paralyse dieser Muskeln führt zum sogenannten „drop foot" (Unfähigkeit, die Fußspitze zu heben), was das Gehen erheblich behindert. Durch Stimulation der Mm. peronaeus und tibialis anterior wird eine Dorsalflexion im Sprunggelenk bei Mittelstellung zwischen Pro- und Supination ausgelöst.

Wird die Stimulation der Dorsalflexoren zur Korrektur von Kontrakturen oder Verhinderung von Spastizität eingesetzt, muß das Stimulationsprogramm variiert werden. Im Vergleich zu den großen Plantarflexoren nämlich haben die Dorsalflexoren weniger Muskelmasse und nur etwa halb soviel Kraft. Wird die Stimulation der Dorsalflexoren zur Behandlung von Kontrakturen oder Spastizität ihrer Antagonisten angewendet, ist daher ein sehr viel intensiveres Programm erforderlich. Die tägliche Behandlungsdauer muß in der Regel von 1 bis $1^1/_2$ Stunden auf 2 bis 4 Stunden erhöht werden, je nach Beteiligung der Plantarflexoren an der Bewegungseinschränkung.

Bei der Durchführung eines Programms zur Stimulation der Dorsalflexoren muß hinsichtlich der Position des Körpers und der Gliedmaße einiges beachtet werden, insbesondere bei Patienten mit zentralnervösen Störungen. Sitzt der Patient aufrecht, ist es schwierig für ihn, die durch Elektrostimulation eingeleitete Kontraktion mit seiner Willenskraft zu unterstützen. Es ist günstig, wenn der Patient bei den Fußhebeübungen auf dem Rücken liegt und seinen Kopf etwas erhöht hält, da er so die gewünschte Fußbewegung unter „visueller Erfolgskontrolle" durch eine Bewegung des gesamten Beines unterstützen kann. Grundsätzlich sollte bei neurologischen Patienten kein Versuch gemacht werden, die Dorsalflexoren zu stimulieren, solange eine Beugung in der Hüfte nicht möglich ist. Das Fußheben zu trainieren ist sinnlos, wenn weder Hüfte noch Knie gebeugt werden können.

Stimulation der Dorsalflexoren kann bei Patienten mit Rückenmarksverletzungen eine Beugebewegung des gesamten Beines erleichtern (Abb. 22). Besonders bei inkompletter Querschnittslähmung mit einem Überwiegen des Extensorentonus hat sich ein solches Programm als sehr wirkungsvoll erwiesen, um dem Patienten das Ausbrechen aus seinem pathologischen Strecktonus zu erleichtern. Diese Patienten können oft stehen, aber nicht willkürlich das Bein beugen und nach vorne führen. Durch Stimulation der Dorsalflexoren wird ein Beugereflex des Beines eingeleitet. Dauerhafte Erfolge wurden sowohl hinsichtlich einer Verminderung des pathologischen Strecktonus, als auch hinsichtlich einer Verbesserung der willkürlichen Kontrolle beobachtet.

Aufgrund der Kraftunterschiede zwischen Agonist und Antagonist sind die ersten Verbesserungen in der Beweglichkeit erst 1–2 Wochen nach Behandlungsbeginn sichtbar.

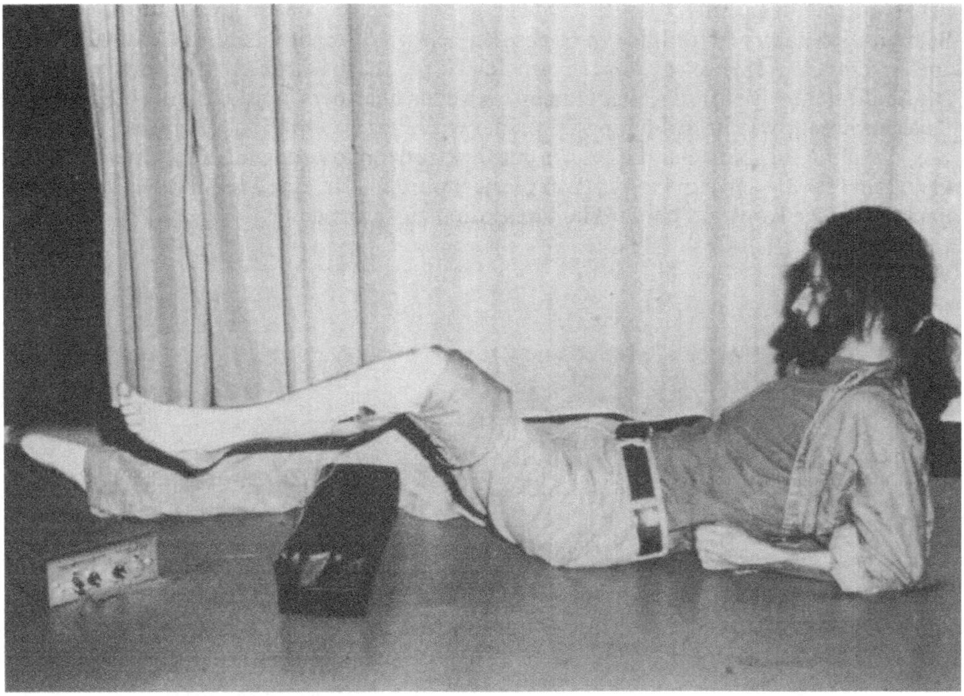

Abb. 22: Beugereflex. Durch Stimulation der Fußhebemuskeln kann bei einigen Patienten ein Beugereflex des gesamten Beines eingeleitet werden.

Eine Kraftverbesserung der Fußhebemuskeln ist meist erst 2–6 Wochen nach Beginn intensiver Übungen zu beobachten. Wenn nach einigen Behandlungen der Spastizität der Beugemuskulatur keine meßbare Verbesserung der Gelenkbeweglichkeit erreicht wurde, ist eine weitere Fortsetzung der Behandlung wenig sinnvoll, da eine kumulative Wirkung der ES zur Besserung spastischer Zustände bisher nicht beobachtet wurde. Der Erfolg dieser Behandlungsmethode hängt vom Einzelpatienten ab. Zeigt ein gut motivierter Patient nach einer Woche periodischer Stimulation keine Fortschritte, sollte die Behandlung auf einen späteren Zeitpunkt in der Rekonvaleszenzphase verschoben werden.

Elektrodenanlagestellen

Die aktive Elektrode wird oben seitlich auf dem Unterschenkel über der Muskulatur, etwas entfernt von der Tibia angelegt, um M. tibialis anterior und M. peronaeus gleichzeitig stimulieren zu können (Abb. 23, 24 und 25)*. Die aktive Elektrode ist durchschnittlich 2 × 5 cm groß und muß unter Umständen der individuellen Beinform des Patienten ange-

* Anmerkung des Übersetzers: Diese Darstellungen gelten nur für monophasische Ströme. Bei Geräten mit biphasischen Strömen ist die „aktive" Elektrode klein (2–3 cm ϕ) und die „inaktive" Elektrode groß (bis zu 7 cm ϕ). Die Aktivität der Elektrode wird durch die unterschiedliche Stromdichte erreicht.

paßt werden. Die indifferente Elektrode ist in der Regel 5 × 5 cm groß und wird distal am Bein auf den sehnigen Teil der Mm. peronei gelegt. Alternativ kann die aktive Elektrode auch in die Kniekehle gelegt werden, um den N. peronaeus direkter zu reizen (s. Abb. 26). Die indifferente Elektrode bleibt dann entweder über dem muskulösen Teil der Dorsalflexoren liegen, wie in Abbildung 26a, oder wird hinter dem Fibulaköpfchen angebracht, wie in Abbildung 26b. Bei dieser Art der Elektrodenplazierung muß die aktive Elektrode klein sein (ca. $2^1/_2$ cm) und sehr genau plaziert werden, um eine Stimulation des N. tibialis und damit eine Kontraktion der Plantarflexoren zu vermeiden.

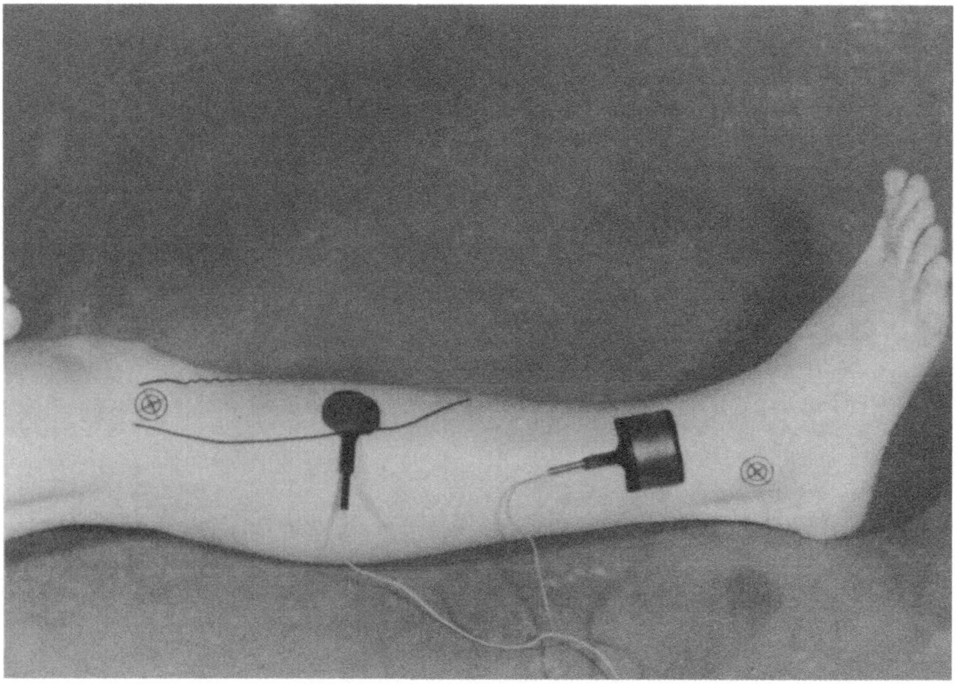

Abb. 23: Elektrodenplazierung für Dorsalflexionsübungen im Sprunggelenk. Im eingezeichneten Muskelbereich ist die Wahrscheinlichkeit am größten, eine gleichmäßige Fußhebung ohne Aktivierung anderer Muskelgruppen auszulösen. Fibulaköpfchen und Außenknöchel sind markiert.

Diese Elektrodenplazierung kann wegen der damit verbundenen unangenehmen Stromempfindung auf Ablehnung des Patienten stoßen, da hierbei eine größere Stromdichte notwendig ist als bei direkter Stimulation über dem Muskel. Weiterhin besteht die Möglichkeit, die aktive Elektrode hinter der Fibula anzulegen, um den N. peronaeus zu reizen, wobei die indifferente Elektrode über die Muskeln gelegt wird (s. Abb. 27). Diese Elektrodenplazierung kann zu einem verbesserten Beugereflex führen, da die aktive Elektrode während der Bewegung einen besseren Kontakt zur Haut erhält.

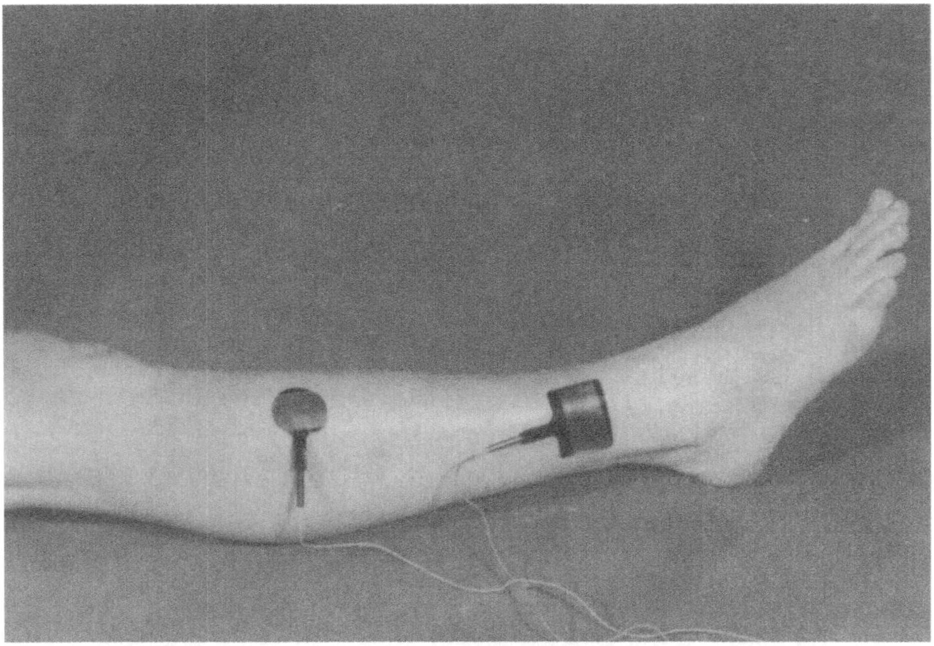

a)

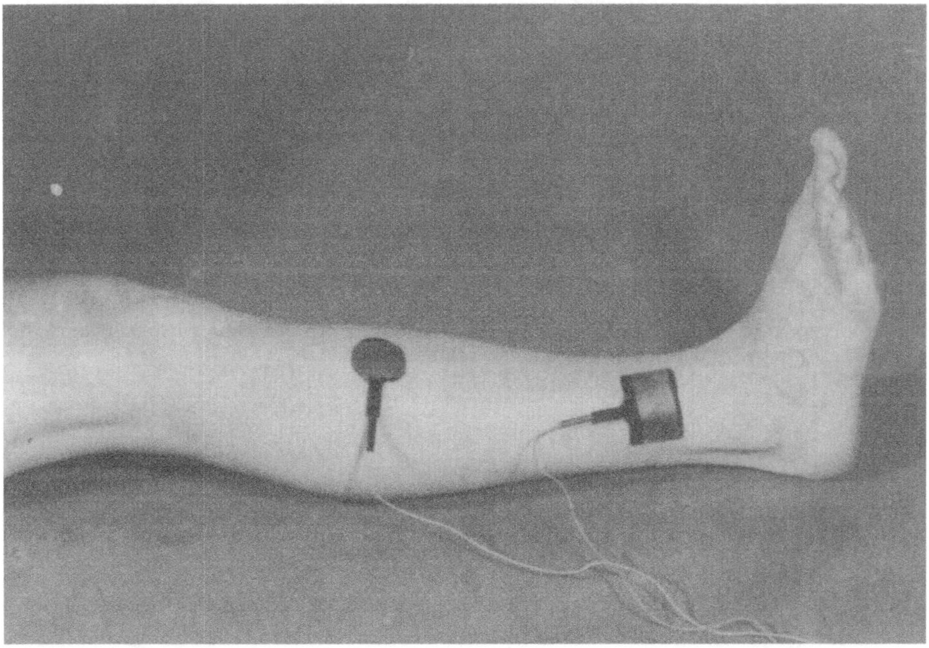

b)

Abb. 24: Dorsalflexion im Sprunggelenk: Effekt der Stimulation. (a) Ausgangslage des Fußes. (b) Dorsalflexion im Sprunggelenk durch ES . Beachte, daß sich der Fuß annähernd in einer Mittelstellung zwischen Pro- und Supination befindet und daß die langen Zehenstrecker nicht mitgereizt werden.

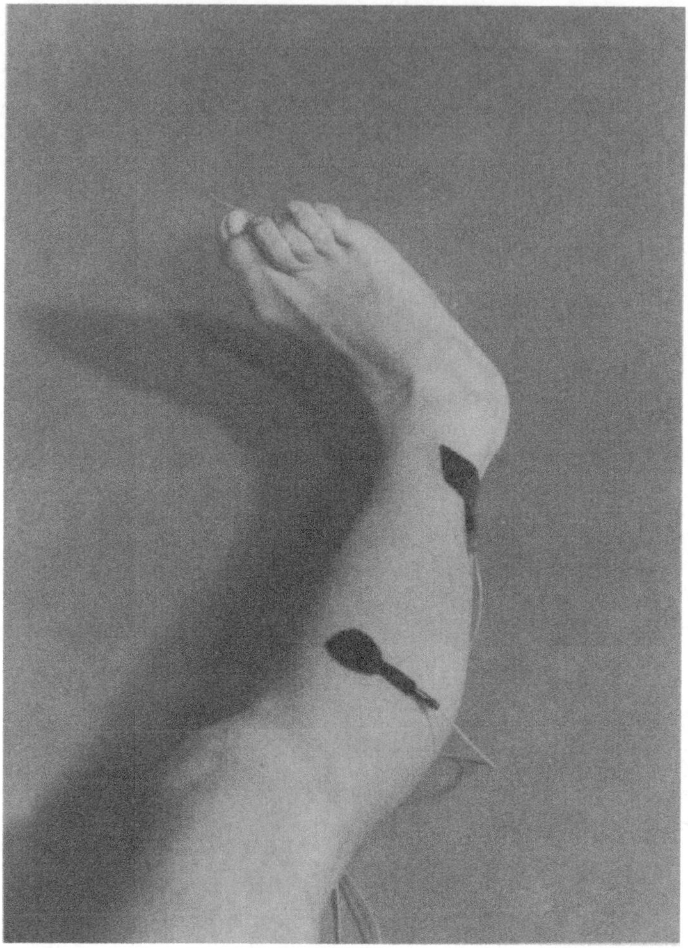

Abb. 25: Dorsalflexion im Sprunggelenk: Falsche Anlage der Elektroden kann zu starker Supination des Fußes und Aktivierung der langen Zehenstrecker führen.

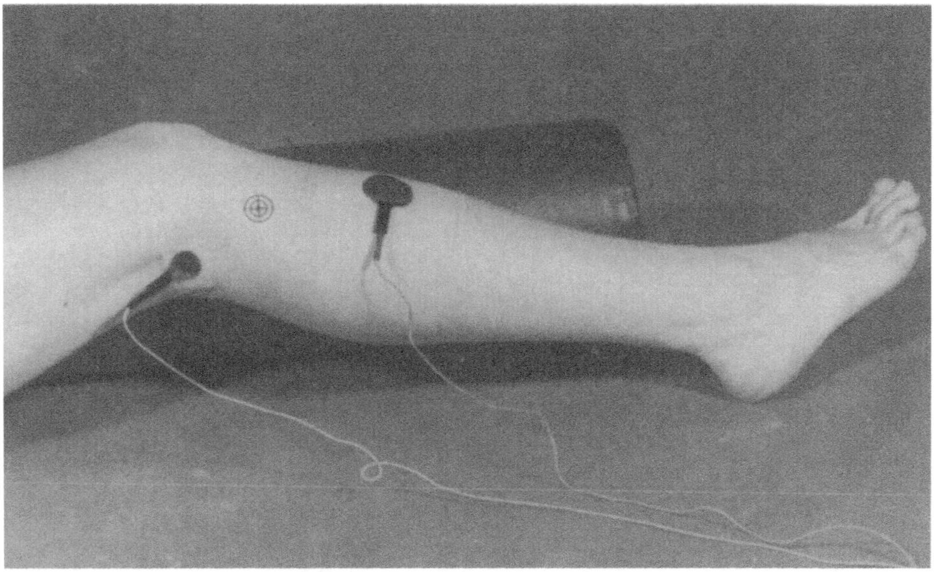

a)

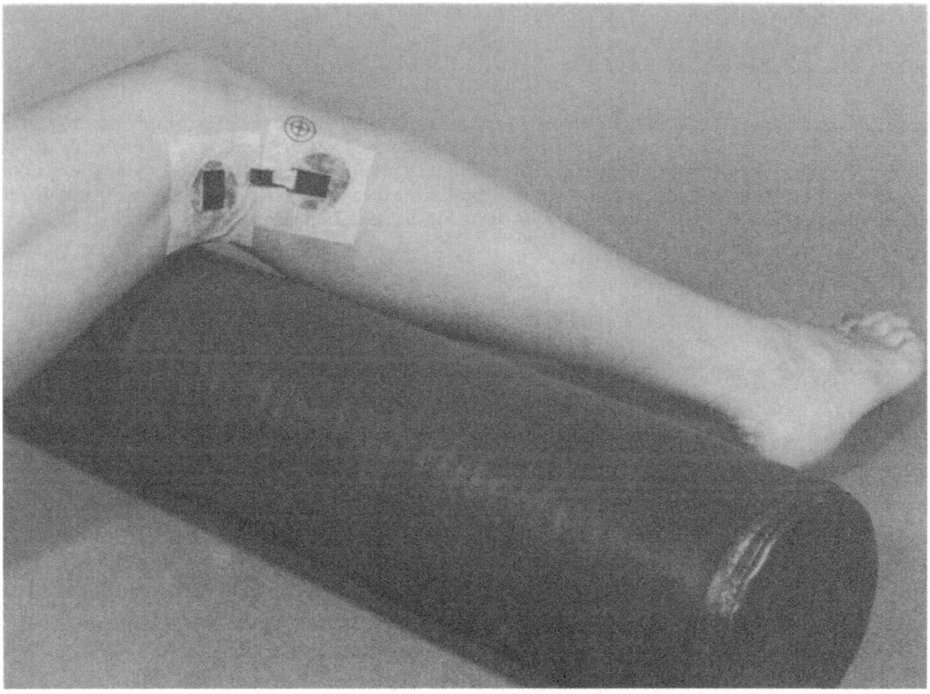

b)

Abb. 26: Verschiedene Möglichkeiten der Elektrodenplazierung zur Dorsalflexion im Sprunggelenk. Die aktive Elektrode liegt in der Kniekehle über dem N. peronaeus. Die indifferente Elektrode kann entweder über den Muskeln (a) oder hinter dem Fibulaköpfchen über dem N. peronaeus plaziert werden (b). Das Fibulaköpfchen ist markiert.

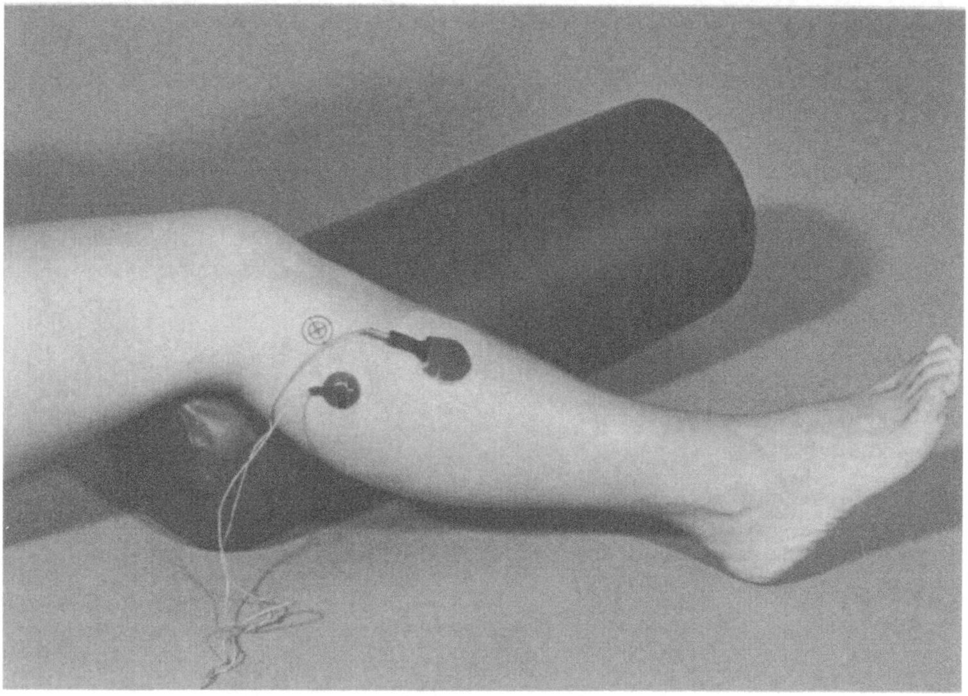

Abb. 27: Verschiedene Möglichkeiten der Elektrodenplazierung zur Dorsalflexion im Sprunggelenk. Der N. peronaeus kann durch eine hinter dem Fibulaköpfchen plazierte aktive Elektrode stimuliert werden, während die indifferente Elektrode über den Fußhebemuskeln liegt. Diese Art der Elektrodenanlage ist bei langdauernden oder ambulanten Stimulationsprogrammen günstig, da der Kontakt der Elektroden mit der Haut besser gewährleistet ist. Das Fibulaköpfchen ist markiert.

Plantarflexoren am Sprunggelenk (Fußsenkung)

Eine Stimulationsbehandlung der Plantarflexoren (M. triceps surae u.a.) ist meistens bei Patienten mit orthopädischen Erkrankungen, Arthrose oder Zustand nach Trauma, die in erster Linie einer Kräftigung der Wadenmuskulatur nach einer Operation oder Ruhigstellung bedürfen, erforderlich. Bei Patienten mit Störungen des Zentralnervensystems ist ein Training dieser Muskelgruppe nicht induziert, weil sie dazu neigen, Spastizität im M. triceps surae zu entwickeln. ES erhöht den ohnehin schon gesteigerten Tonus dieser Muskeln noch mehr. Nichtsdestoweniger muß durch ein Versuchsprogramm in jedem einzelnen Fall geklärt werden, ob die Behandlung der Spastik mit ES sinnvoll ist. Spastizität ist bei den Dorsalflexoren, im Gegensatz zu den Plantarflexoren, recht selten wegen der großen Kraft und dem mechanisch günstigeren Ansatz der Plantarflexoren. Aus ähnlichen Gründen geht gewöhnlich die Möglichkeit zur Plantarflexion im Sprunggelenk eher als zur Dorsalflexion verloren.

Elektrodenanlagestellen

Die Anlagestellen der Elektroden zur Stimulation der Plantarflexoren sind variabel und hängen davon ab, was für eine Kontraktion ausgelöst werden soll. Wenn eine Kontraktion des gesamten M. triceps surae erwünscht ist, sollen beide Elektroden relativ groß sein. Sie werden oben an der Wade über die beiden Köpfe des M. gastrocnemius gelegt, so daß der gesamte Muskelbereich erfaßt wird (s. Abb. 28 und 29). Wenn nur der M. soleus trainiert werden soll, müssen die Elektroden klein sein (ca. 3 cm ϕ), und die aktive Elektrode wird weiter unten angebracht (s. Abb. 30). Während bei der Stimulation des M. triceps surae auch eine Beugung im Knie ausgelöst wird, weil der M. gastrocnemius am Femur entspringt, kann diese bei Stimulation des M. soleus vermieden werden.

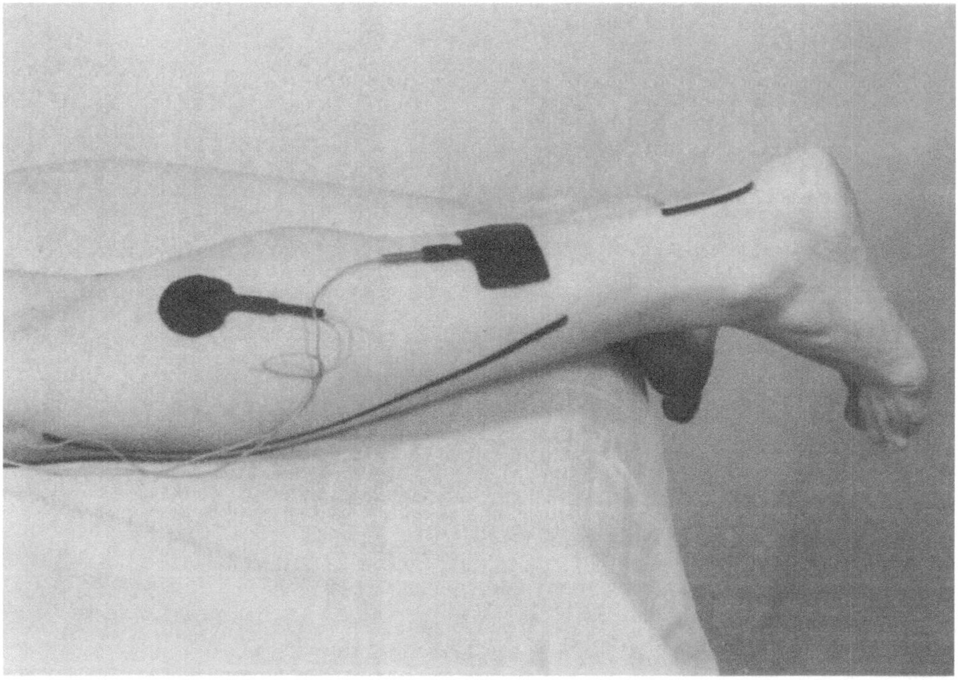

Abb. 28: Plantarflexion: Elektrodenanlagestellen. Durch eine in der Mittellinie plazierte, relativ große aktive Elektrode kann der gesamte M. gastrocnemius wie auch der M. soleus gereizt werden. Je weiter oben die Elektroden angelegt werden, desto stärker wird die Kniebeugung während der ES. Die zweite Elektrode soll oberhalb der Achillessehne liegen, um unangenehme sensorische Empfindungen zu vermeiden.

Bei dieser Elektrodenplazierung reicht die Stärke einer Kontraktion im allgemeinen aus, die Tibia am stehenden Patienten zu stabilisieren, genügt jedoch meist nicht, die Ferse (und damit den Körper) zu heben. Diese Art der Stimulation ist folglich als Orthesenersatz zur Gangverbesserung ungeeignet. Die Verwendung eines weiteren Kanals (oder einer weiteren Elektrode) zur Stimulation könnte die Kontraktion genügend verstärken, um die Ferse zu heben (s. Abb. 31).

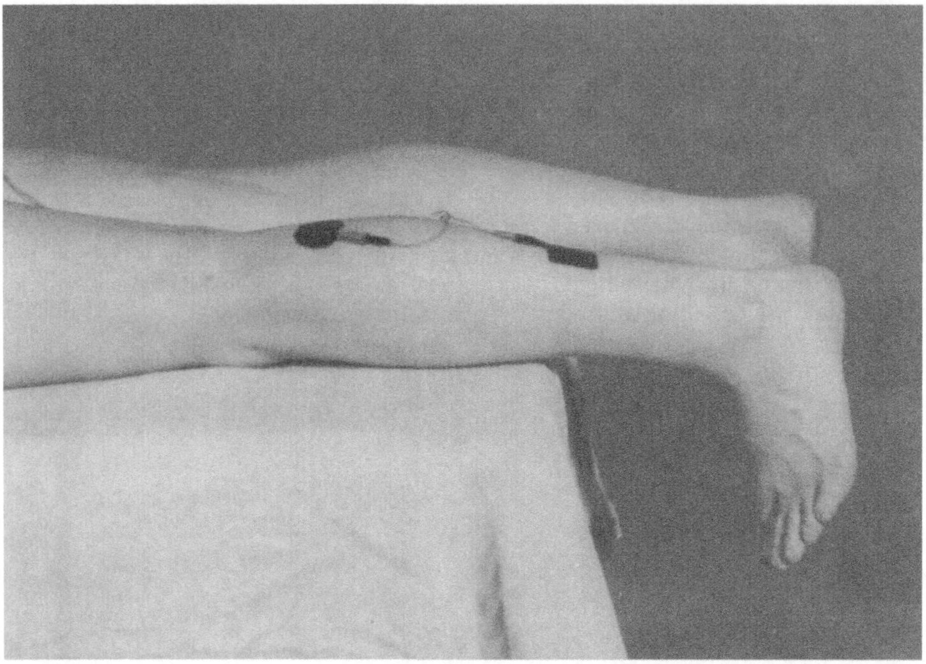

b)

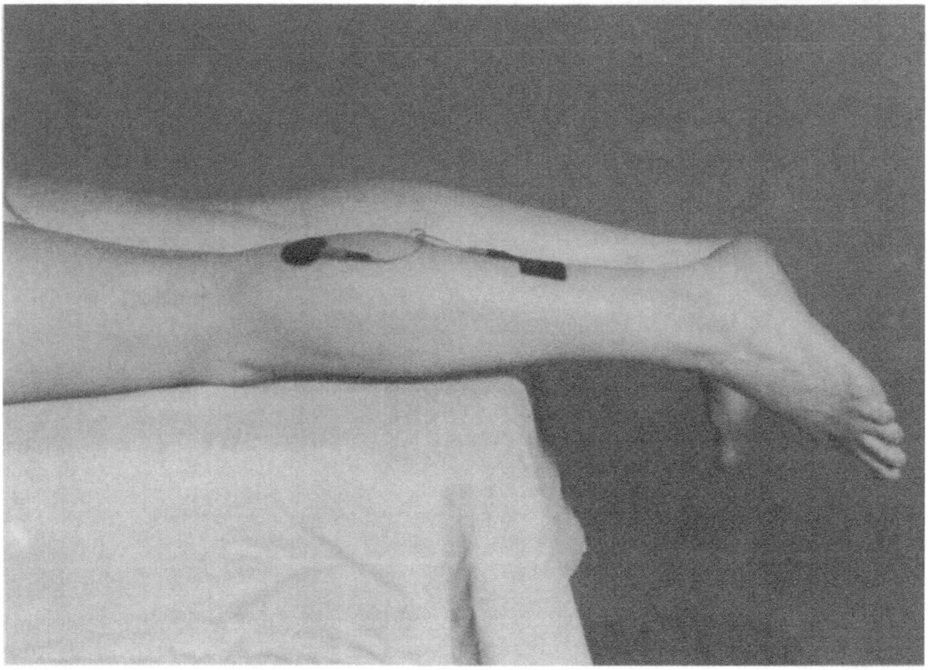

a)

Abb. 29: Plantarflexion: Effekte der Stimulation.
(a) Ausgangsposition des Fußes.
(b) Plantarflexion im Sprunggelenk nach ES.

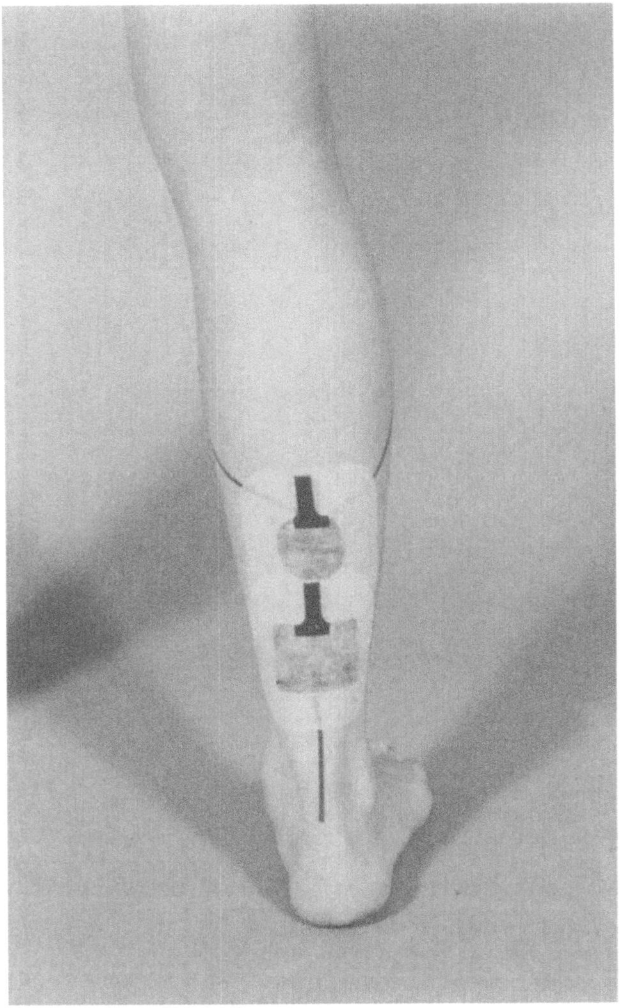

Abb. 30: Plantarflexion: Alternative Plazierung der Elektroden. Obwohl eine ausschließliche Reizung des M. soleus durch Oberflächenstimulation nicht möglich ist, kann durch Plazierung einer kleinen, aktiven Elektrode unterhalb des M. gastrocnemius die Kontraktion des M. soleus selektiv verstärkt werden. Die indifferente Elektrode befindet sich oberhalb der Achillessehne. Die distalen Grenzen des Caput mediale und Caput laterale des M. gastrocnemius sind angezeichnet.

M. quadriceps

Die Stimulation des M. quadriceps verfolgt zwei Ziele: Kräftigung der Muskulatur und funktionelle Verbesserung der Willkürmotorik. Für dieses Trainingsprogramm sind Patienten geeignet, die aufgrund einer Arthrose ein künstliches Kniegelenk erhalten oder sich in der Rekonvaleszenzphase nach Verletzungen oder chirurgischen Eingriffen am Knie befinden. Besonders die Arthrosepatienten neigen infolge langjähriger, schmerzinduzierter Schonhaltung zur Atrophie des M. quadriceps. Ein 3- bis 4-wöchiges, präoperatives ES-Training

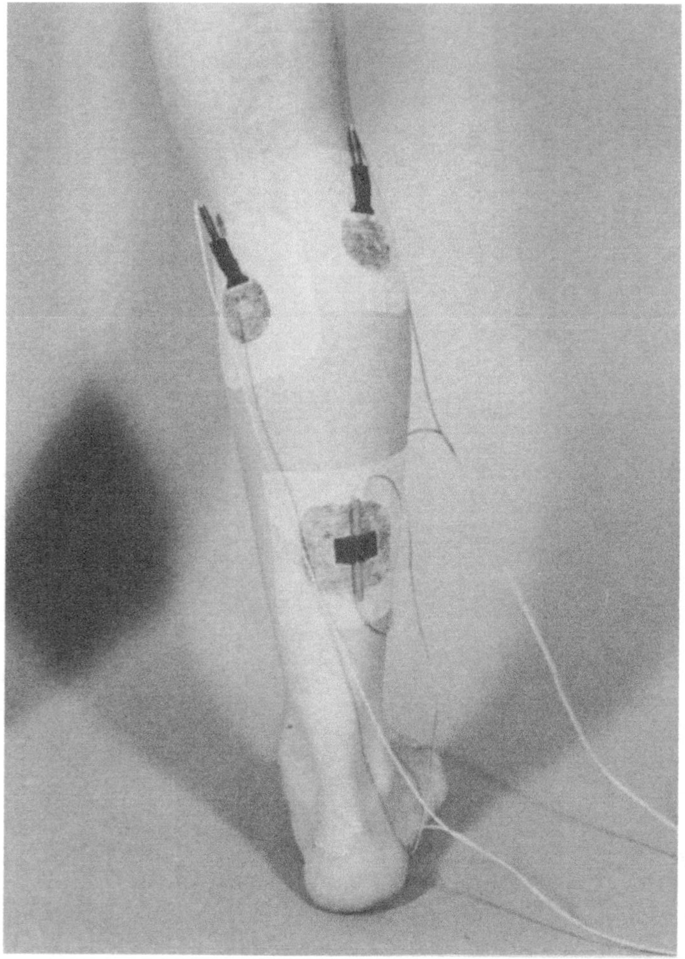

a)

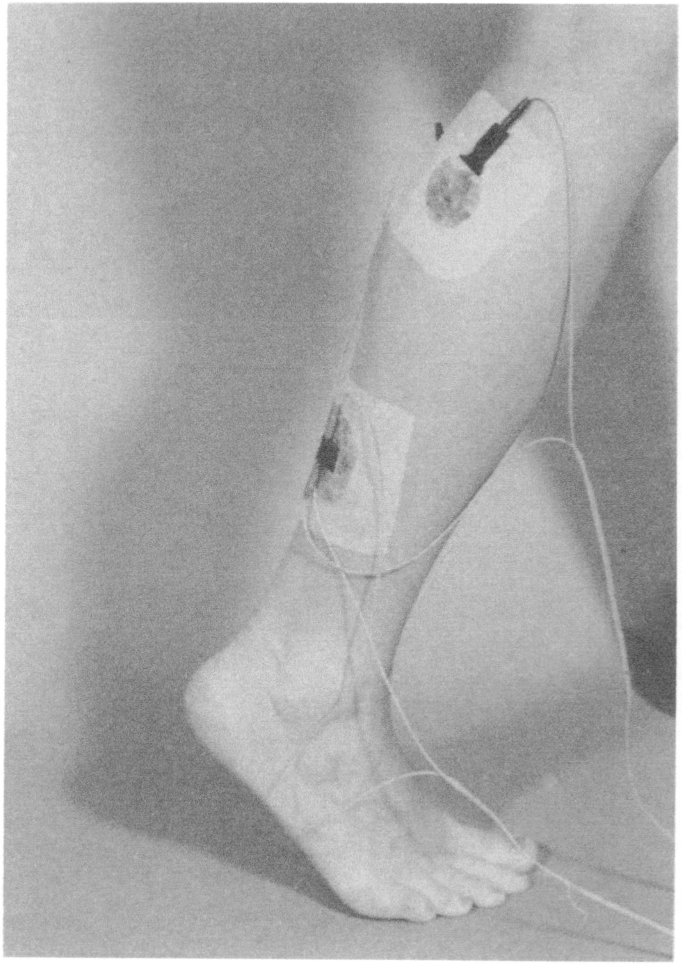

b)

Abb. 31: Plantarflexion: 2-Kanal-Stimulation. Durch Verwendung von 2 Kanälen (oder mehreren Elektroden aus einem Kanal) kann die Kontraktionskraft verstärkt werden. Zwei kleine aktive Elektroden über den beiden Gastrocnemiusköpfen reizen eine größere Anzahl von Muskelfasern und erhöhen damit die Kontraktionskraft (a). Die große indifferente Elektrode liegt oberhalb der Achillessehne. Das Anheben der Ferse ist bei dieser Stimulationsart möglich (b).

kräftigt den M. quadriceps vor dem Gelenkersatz. Der Patient lernt dabei bereits die postoperativ durchzuführenden Übungen kennen. Diese werden am ersten Tag nach der Operation begonnen und für die Dauer von 4–6 Wochen fortgesetzt. Leider sind die Arthrosepatienten sehr häufig durch den Bewegungsmangel übergewichtig. Wie oben erwähnt, ist die ES in solchen Fällen nicht immer anwendbar (s. Kapitel 4; Muskelkräftigung). Das Training des M. quadriceps läßt sich bei (schlankeren) orthopädischen Patienten, z.B. nach Entfernung des Meniskus oder operativer Versorgung einer Bandruptur am Knie besser durchführen. Die Elektrostimulation kräftigt nicht nur die Muskulatur, sondern sie gibt dem Patienten auch Vertrauen in die Gelenkstabilität, wenn er sieht, wie stark er seinen M. quadriceps anspannen kann.

Auch bei Patienten mit neurologischen Erkrankungen kann die Stimulation des M. quadriceps, vor allem in Kombination mit Balance-Übungen, sehr hilfreich sein, um Stabilität bei aufrechter Körperhaltung zu erreichen. Ebenso kommen Patienten mit Rückenmarksläsionen für ein solches Trainingsprogramm in Frage. Als Orthese verbessert die Elektrostimulation des M. quadriceps die terminale Streckung im Kniegelenk oder trägt auch zur Stabilisierung beim Gehen bei. Bei Spastizität der Kniebeuger kann ebenfalls durch Stimulation des M. quadriceps die Gehfähigkeit verbessert werden.

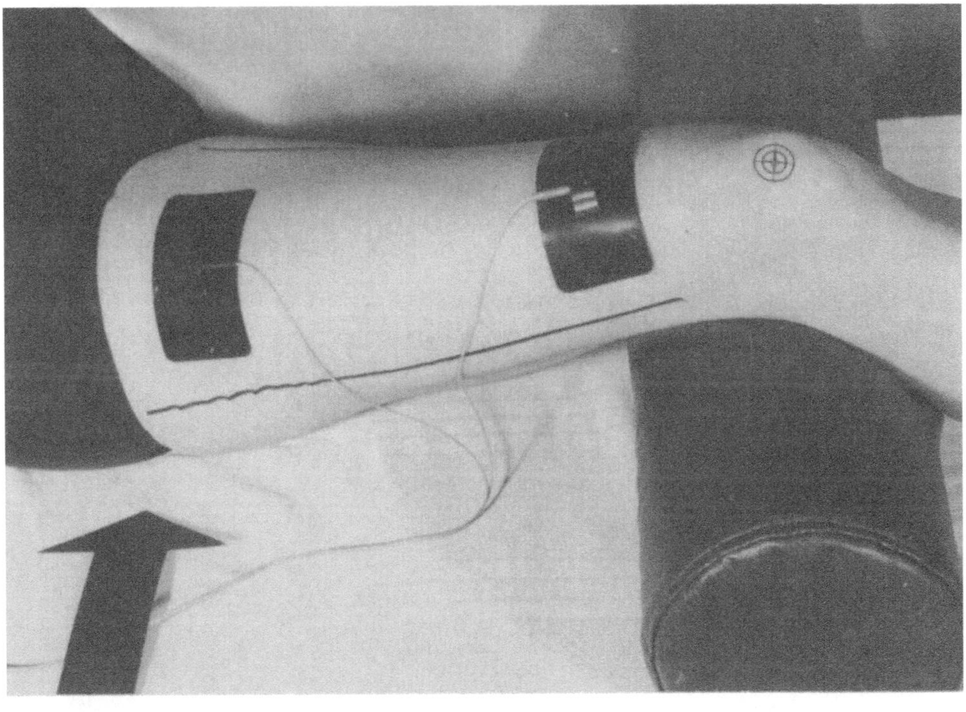

Abb. 32: Streckung im Kniegelenk: Elektrodenplazierung. Die eingezeichneten Linien begrenzen die Muskelregion, die bei Stimulation eine maximale Kontraktion produziert. Wenn der M. rectus femoris nicht direkt gereizt werden muß, kann die aktive Elektrode auch lateral zur Stimulation des M. vastus lateralis angebracht werden. Beachte die besondere Größe der Elektroden. Trochanter major und oberes Ende der Patella sind markiert.

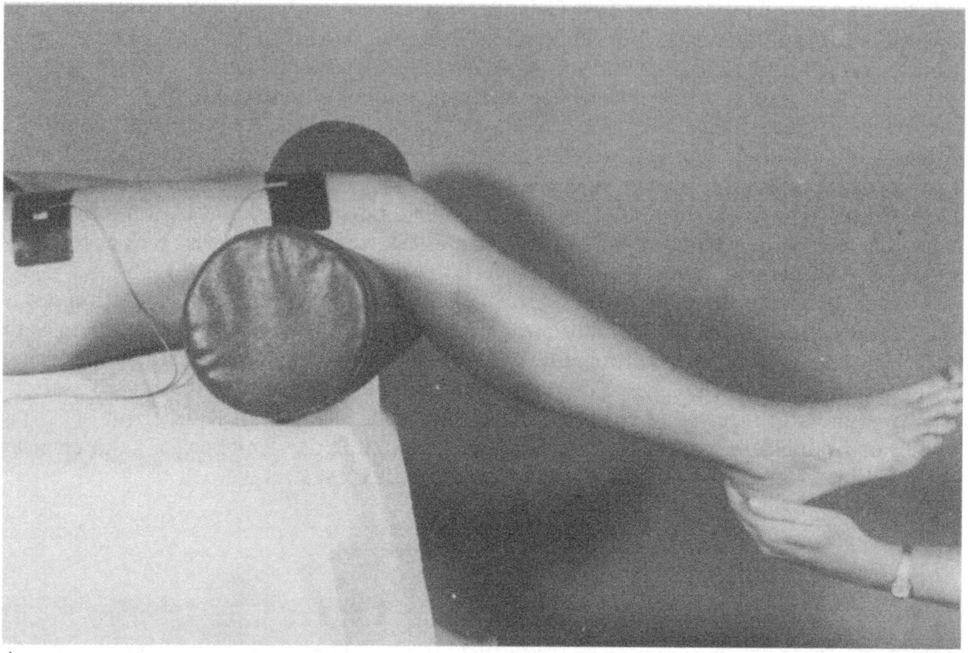

a)

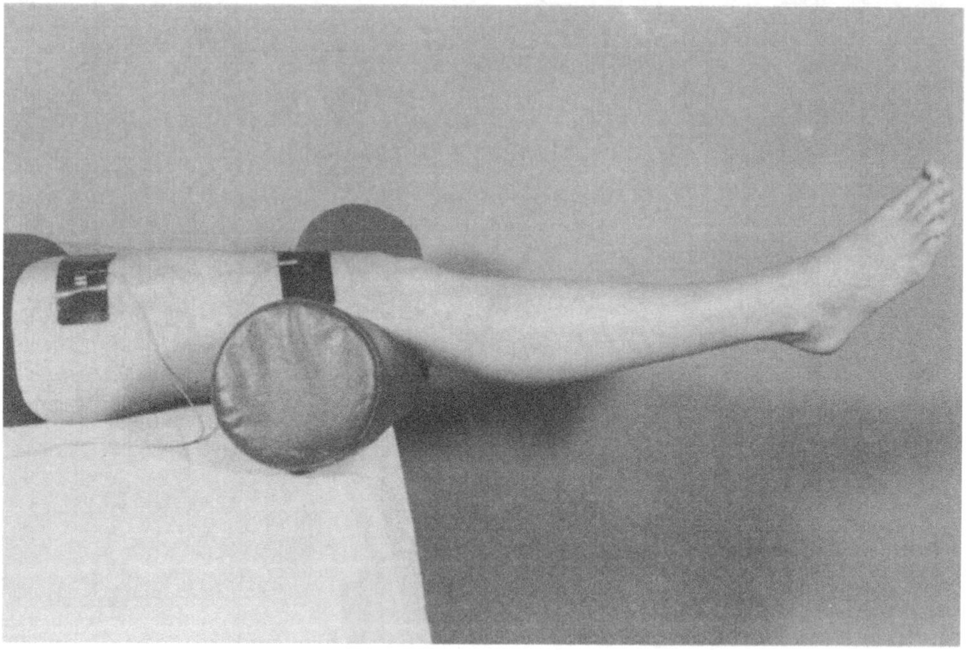

b)

Abb. 33: Streckung im Kniegelenk: Effekt der Stimulation.
(a) Ausgangsposition mit einer Beugung von 60° im Kniegelenk.
(b) Streckung während der Stimulation.

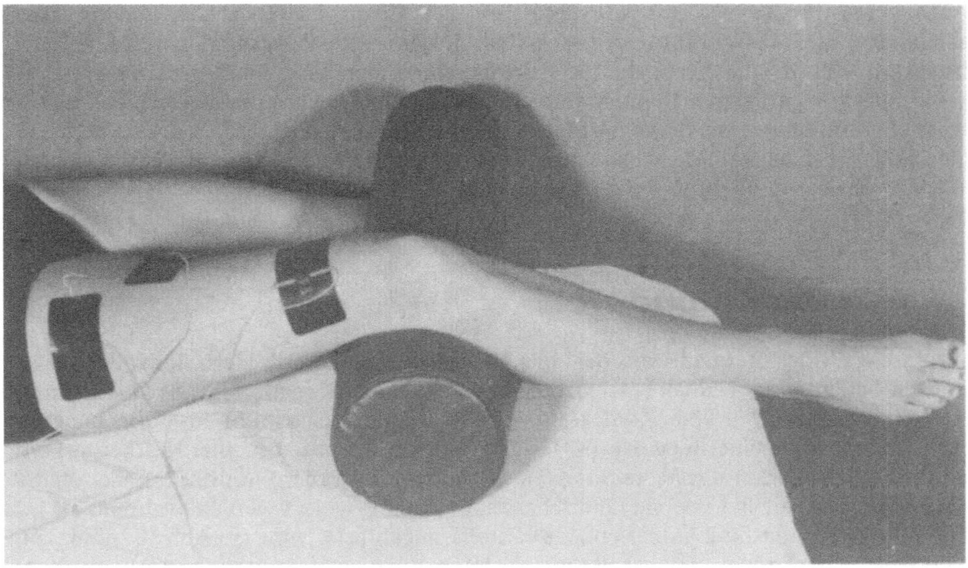

a)

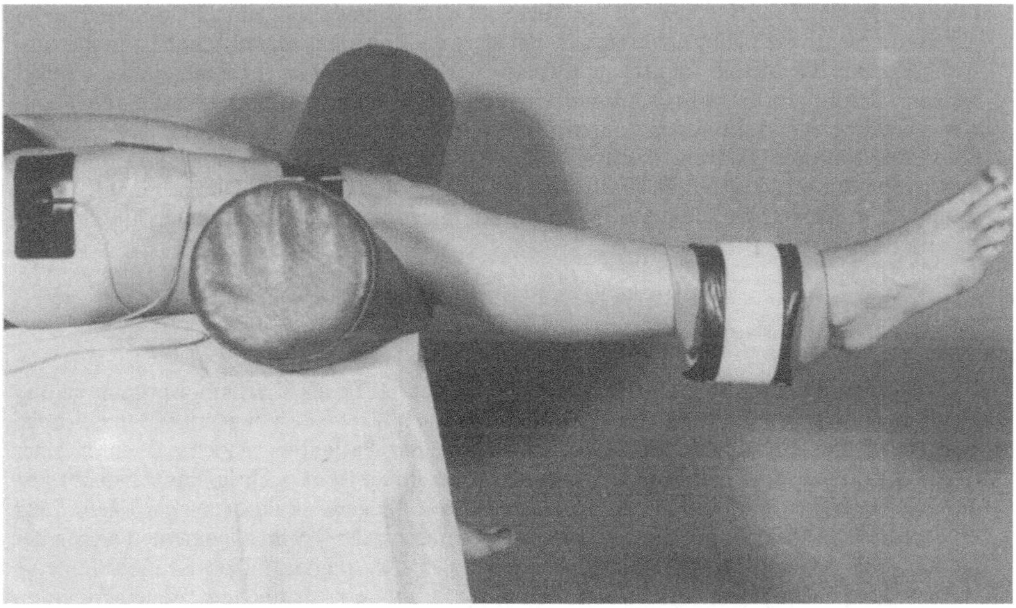

b)

Abb. 34: Streckung im Kniegelenk: Stimulation mit mehreren Elektroden. Wenn eine maximale Kontraktion des M. quadriceps erwünscht ist, kann man 2 Kanäle (oder mehrere Elektroden aus einem Kanal) verwenden, um möglichst viele Muskelfasern in jedem der 4 Quadriceps-Köpfe zu reizen. Die großen aktiven Elektroden werden über dem M. vastus medialis und dem M. vastus lateralis angebracht (a), die indifferente Elektrode oberhalb der Patella. Durch Aktivierung einer größeren Anzahl von Muskelfasern wird die Kontraktionskraft verstärkt (b).

Die Lage des Beines während Stimulation des M. quadriceps ist sehr wichtig. Eine Beugung von 30–60 Grad im Kniegelenk stellt die günstigste Ausgangsposition zur Kraftentwicklung des M. quadriceps dar [93]. Bei diesem Winkel kann eine Streckung im Kniegelenk mit einer geringeren Impulsstärke und folglich auch weniger unangenehmen sensorischen Empfindungen ausgelöst werden. Legt man beim sitzenden Patienten ein Kissen unter den Oberschenkel oder beugt man beim auf der Seite liegenden Patienten einfach das Knie, erhält man diese Ausgangsposition.

Elektrodenanlagestellen

Obwohl die ES des M. quadriceps bei einer Reihe von Krankheitsbildern sinnvoll ist, muß für jeden Patienten individuell entschieden werden, ob der M. rectus femoris direkt stimuliert werden kann. Weil eine Kontraktion des M. quadriceps sowohl eine Streckung im Kniegelenk als auch eine Beugung im Hüftgelenk bewirkt, sollte bei einer Hüftbeugerkontraktur die Stimulation des M. rectus femoris vermieden werden. In diesem Falle soll die aktive Elektrode auf die laterale Oberschenkelmuskulatur gelegt werden, während die indifferente Elektrode direkt oberhalb der Patella angebracht wird (s. Abb. 32 und 33). Beide Elektroden sollen relativ groß (ca. 5 × 10 cm) sein und senkrecht zum Muskelfaserverlauf angebracht werden, um eine maximale Anzahl von Muskelfasern zu reizen.*

Wenn der M. rectus femoris nicht von der Stimulation ausgeschlossen werden muß, kann die aktive Elektrode mehr in der Mitte des Oberschenkels angebracht werden, die indifferente Elektrode bleibt unverändert. Bei Verwendung eines biphasischen Stimulationsstromes kann die distale Elektrode etwas weiter proximal über der Muskulatur angelegt werden. Besonders bei sehr kräftigen Oberschenkeln kann die Verwendung von Mehr-Kanal-Geräten (– und/oder mehreren Elektroden) ratsam sein. Abbildung 34a zeigt die Plazierung von zwei aktiven Elektroden über der lateralen und der medialen Partie des M. quadriceps und einer geteilten indifferenten Elektrode am distalen Oberschenkel. Durch Stimulation einer größeren Anzahl von Muskelfasern wird die Kraftentwicklung bei der Kontraktion gesteigert (Abb. 34b).

Flexoren im Kniegelenk

Die Elektrostimulation der Kniegelenksbeuger findet häufig als Kräftigungsprogramm und zur Behandlung von Kontrakturen Anwendung. Nach Knieverletzungen und -operationen oder nach Implantation eines Gelenkersatzes leiden Patienten manchmal unter einer Streckkontraktur der Oberschenkelmuskulatur; bei ihnen ist es wichtig, das starre Muskelgewebe der Extensoren aufzulockern und auch die Beugemuskulatur zu kräftigen. Liegt eine neurologische Erkrankung vor, ist die Anwendung der ES im allgemeinen wegen der Gefahr einer Spastizitätsentwicklung kontraindiziert. In solchen Fällen ist nicht nur eine weitere Verstärkung des Muskeltonus unerwünscht, sondern, da die betroffenen Patienten auf spinale Reflexe und über aktive Extensoren zur Erhaltung ihrer Stand-Stabilität angewiesen sind, könnte eine gesteigerte Aktivität der Beuger zum Verlust der Standunterstützung durch die Extensoren führen.

---

* Anmerkung des Übersetzers: Bei Verwendung biphasischer Ströme wird die aktive Elektrode durch eine etwas kleinere (ca. 5 cm ϕ) und die indifferente durch eine oder mehrere etwas größere (ca. 7 cm ϕ) Elektroden dargestellt.

ES-Programme zur Kräftigungs- und Kontrakturbehandlung unterliegen den allgemeinen Anwendungsregeln, jedoch muß der Lagerung der Gliedmaßen besondere Aufmerksamkeit zugewendet werden. Die hinteren Muskeln des Oberschenkels bewirken sowohl eine Beugung im Kniegelenk als auch eine Streckung im Hüftgelenk. Für eine Beugung im Knie ist eine gestreckte Ausgangsstellung des Kniegelenkes mechanisch ungünstig. Bei voller Extension des Kniegelenkes wird eine Kontraktion der Flexoren eher Druck auf das Kniegelenk ausüben als eine Beugung einleiten. Deshalb sollen Behandlungen der Flexoren bei einer Beugung im Kniegelenk von 15–30° durchgeführt werden.

Die ES-Behandlung der Kniegelenksbeuger hat sich bei Patienten mit neurologischen Erkrankungen nicht bewährt; dieses mag in erster Linie an der Unmöglichkeit liegen, die Erfahrungen aus dem Liegen auf eine aufrechte Körperhaltung zu übertragen. Da der Patient bei der Behandlung der Kniebeuger nahezu immer auf dem Bauch oder auf der Seite liegen muß, kann er die Tätigkeit seiner Muskeln nicht beobachten, ihm fehlt die optische Rückkopplung. Selbst wenn ein Patient im Liegen Kontrolle über seine Willkürmotorik erreicht, wird er diese normalerweise nicht in die aufrechte Stellung übernehmen. Mit Hilfe eines besonderen Tisches (NK®) kann dieses Problem zumindest teilweise gelöst werden. Obwohl die Übertragung auf funktionelle Bewegungen in aufrechter Haltung nur unvollständig stattfindet, kann sie gesteigert werden, in dem der Patient die Möglichkeit erhält, das Ergebnis seiner Anstrengungen zu sehen und auch zu fühlen.

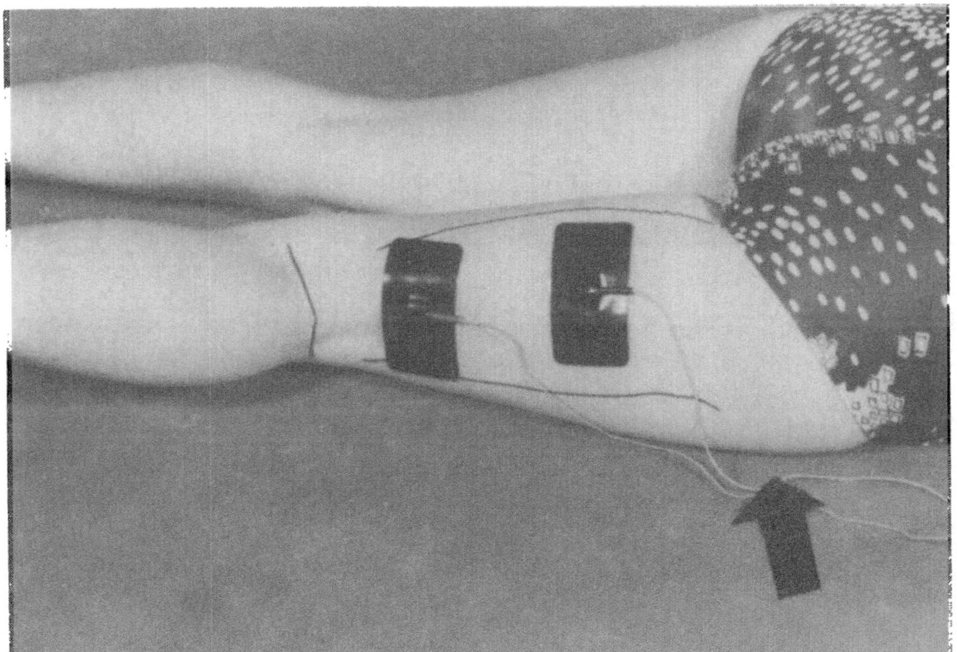

Abb. 35: Beugung im Kniegelenk: Elektrodenplazierung. Innerhalb der eingezeichneten Linien kann die maximale Kniebeugung bei gleichzeitig minimaler Hüftbewegung durch ES ausgelöst werden. Werden die Elektroden etwas entfernt vom Hüft- und Kniegelenk angebracht, läßt sich eine Beteiligung des Fuß- und Hüftgelenkes umgehen. Trochanter major (Pfeil) und Kniekehle sind markiert.

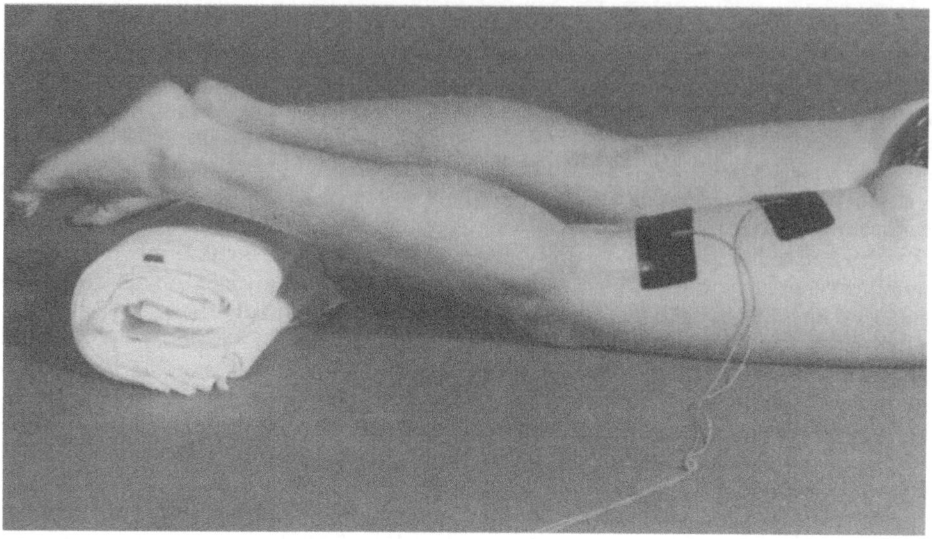

a)

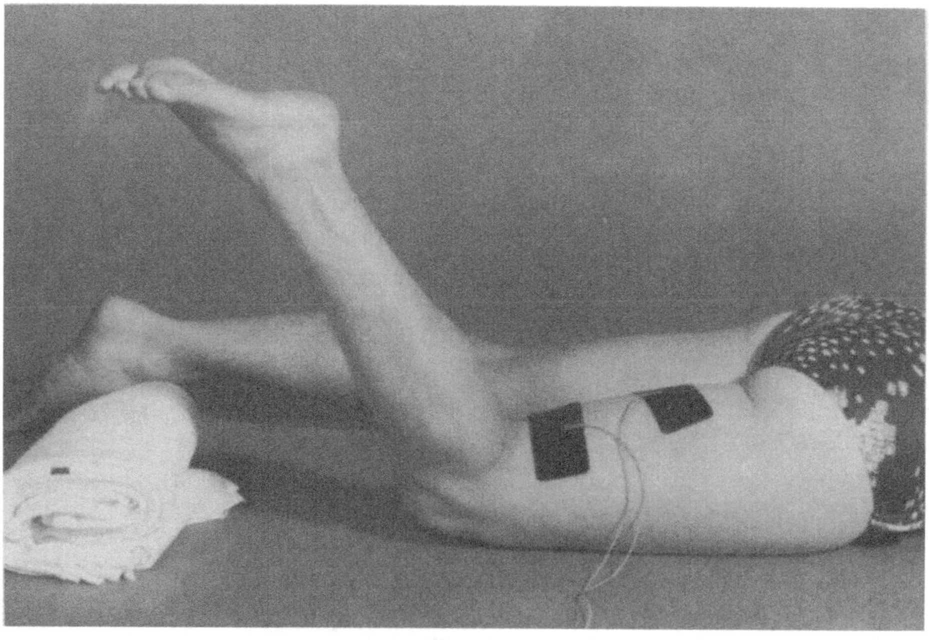

b)

Abb. 36: Beugung im Kniegelenk: Effekt der ES.
(a) beginnende Kontraktion der Kniegelenksflexoren.
(b) Verstärkung der Beugung im Kniegelenk durch ES.
Das Knie sollte in seiner Ausgangsstellung ca. 15° gebeugt sein, um eine maximale Wirkung der Flexoren bei der Beugung des Knies zu ermöglichen.

Auch wenn es verlockend erscheint, mit Hilfe von Hand gesteuerter ES der hinteren Oberschenkelmuskeln die Beugung im Knie während des Laufens zu verbessern, ist diese Form der Stimulation nachteilig: Die halbe Kniegelenksbeugung kommt durch passive Bewegung beim Vorschwingen zustande, die restliche Beugung entsteht allein durch Kontraktion des Caput breve des M. biceps femoris [94]. Anstelle selektiver Beugerstimulation ist die Reizung des M. gastrocnemius geeigneter, ein besseres Abrollen des Fußes und sekundär eine stärkere Kniebeugung beim Laufen zu erreichen. Alternativ käme auch eine Reizung des N. peronaeus und der Dorsalflexoren im Sprunggelenk zur Einleitung eines Beugereflexes in Frage.

Elektrodenanlagestellen

Die Plazierung der Elektroden kann gelegentlich schwierig sein, insbesondere wenn das Knie gebeugt werden soll ohne gleichzeitige Streckung oder Abduktion in der Hüfte. Eine ausreichende Kniebeugung bei minimaler Bewegung in der Hüfte läßt sich wie folgt erreichen: Der Patient liegt auf dem Bauch, das Knie ist 15–30° angewinkelt und die aktive Elektrode wird lateral und relativ weit distal angelegt, etwas entfernt von den Abduktoren (s. Abb. 35 und 36). Die indifferente Elektrode soll distal von der aktiven liegen, aber weit genug von der Kniekehle entfernt, um eine Reizung des M. gastrocnemius zu vermeiden. Dieses gilt speziell bei Verwendung eines symetrischen, biphasischen Stroms, denn die Verstärkung einer vorbestehenden Imbalance des Fußes, insbesondere bei Patienten mit zentralnervösen Störungen ist nicht erwünscht. Wenn die Beugung im Kniegelenk unter allen Umständen erreicht werden soll und eine Beteiligung des Fußes sekundär ist, kann die indifferente Elektrode weiter distal angelegt und der M. gastrocnemius an der Kontraktion beteiligt werden.

Abduktoren der Hüfte

ES der Hüftabduktoren (M. glutaeus medius und M. tensor fasciae latae) kann sehr effektiv zur Kräftigung dieser Muskeln eingesetzt werden. Besonders Patienten mit unvollständiger Querschnittsläsion, bei denen die Hüftabduktoren und die Wadenmuskeln im Vergleich zu den anderen Beinmuskeln häufig eine recht lange Rekonvaleszenzzeit benötigen, profitieren von solch einem Programm.

Stimulation der Hüftabduktoren hilft gelegentlich Patienten nach Kopfverletzungen oder anderen neurologischen Schäden eine Spastizität der Adduktoren zu reduzieren. Ähnlich wie bei der Stimulation der Kniegelenksbeuger bietet die Reizung der Hüftabduktoren einige Probleme bei der Wahl der Elektrodenanlagestellen; der Patient kann die positiven Erfahrungen aus der liegenden Behandlungsposition kaum auf eine aufrechte Körperhaltung übertragen, denn hier manifestieren sich oft Probleme durch eine Hyperaktivität der Hüftadduktoren. Die Elektrobehandlung einer Spastizität der Hüftadduktoren sollte deshalb möglichst im Stehen durchgeführt werden.

Bei einigen Patienten mit unzureichender Aktivität der Hüftabduktoren und Überwiegen der Hüftadduktoren kann eine Kombination der ES der Abduktoren mit einem zeitweiligen Leitungsblock des N. obturatorius angezeigt sein. Während der Ausschaltung der Adduktoren scheinen die Patienten zu lernen, wie sie mit ihren Abduktoren die kräftigen Antagonisten im Gleichgewicht halten können und diese Fähigkeit im allgemeinen auch nach Abklingen der Anästhesie beizubehalten. Diese Art der Stimulation kann recht gut das „Über-Kreuz-Treten" beheben.

Elektrostimulation der Hüftabduktoren kann zur Stabilisierung der Hüfte im Stand benutzt werden. Da hierfür von den Abduktoren eine Kraft, die etwa dem $1^1/_2$-fachen des Körpergewichts entspricht, aufzubringen ist, wird der Erfolg dieses Programms auf Patienten mit einer hohen Toleranzschwelle gegenüber dem Stimulationsstrom begrenzt sein.

ES der Hüftabduktoren kann eine Kontraktur der Hüftadduktoren überwinden, aber im allgemeinen reicht die ausgelöste Kontraktion nicht aus, eine Abduktion des Beines gegen die Schwerkraft auszuführen. Eine Behandlung ist jedoch möglich bei Lagerung unter teilweiser Ausschaltung der Schwerkraft.

Elektrodenanlagestellen

Die Anlage der Elektroden zur Stimulation der Hüftabduktoren bietet wegen der günstigen oberflächlichen Lage der Muskulatur keine Schwierigkeiten. Zwischen Trochanter major femoris und Crista iliaca ist ausreichend Platz um 2 Elektroden anzulegen (Abb. 37 und 38). Die aktive Elektrode wird knapp unter der Crista iliaca befestigt. Soll eine Aktivierung der Hüftflexoren vermieden werden, muß sie etwas hinter der Mittellinie angebracht werden. Im Einzelfall muß man durch Ausprobieren die beste Plazierung herausfinden. Die indifferente Elektrode liegt unterhalb von der aktiven (oder kleineren) Elektrode und proximal des Trochanter major.

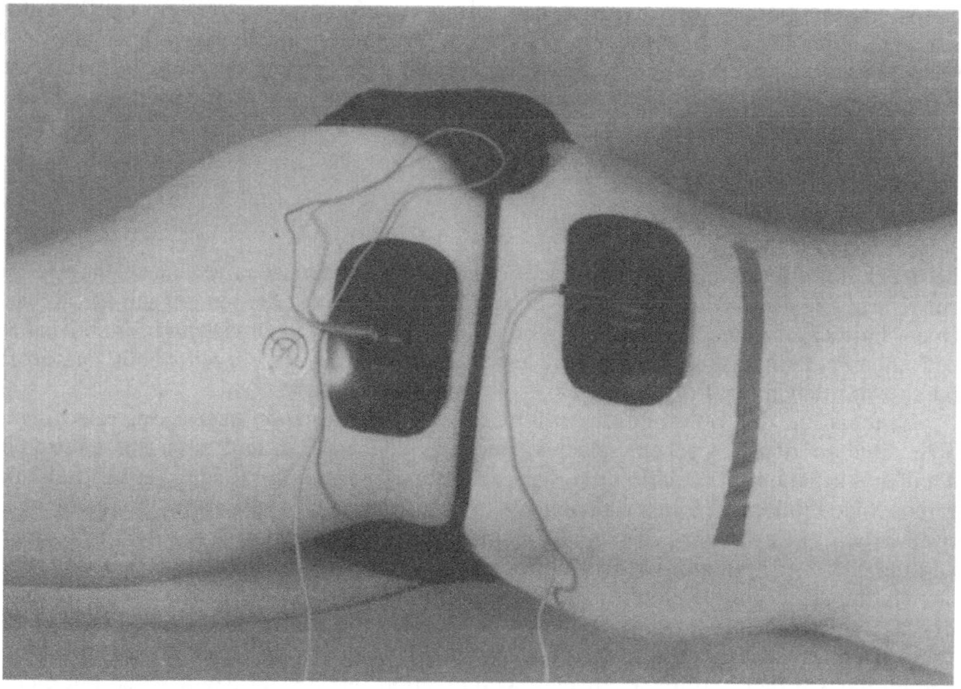

Abb. 37: Abduktion der Hüfte: Elektrodenplazierung. Die aktive Elektrode liegt distal des Darmbeinkammes, die indifferente (oder größere) Elektrode proximal des Trochanter major. Werden die Elektroden noch ventral verschoben, erfolgt zusätzlich eine Beugung und Abduktion in der Hüfte; bei Verschieben nach dorsal kommt es zur Streckung und Abduktion. Crista iliaca und Trochanter major sind markiert.

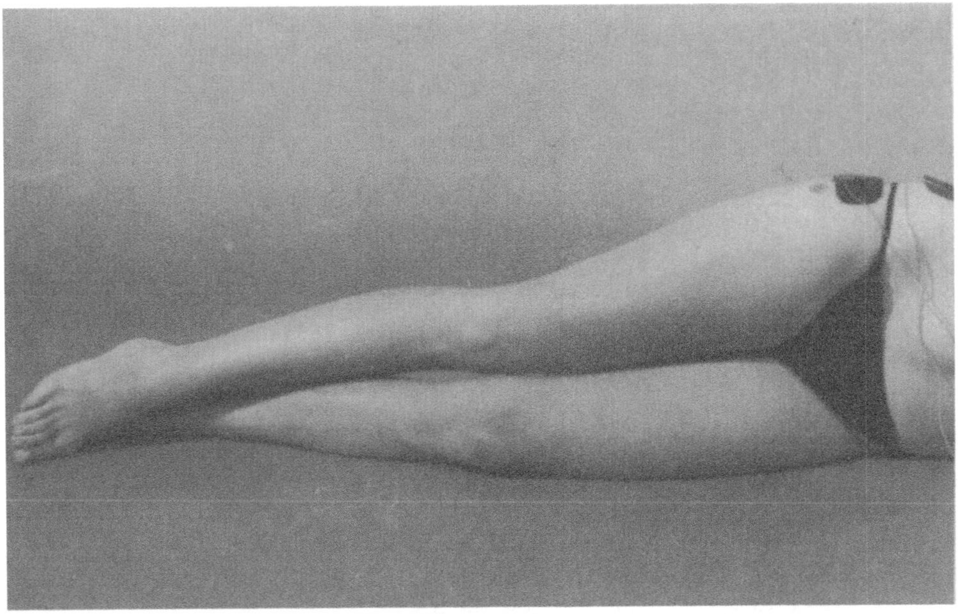

a)

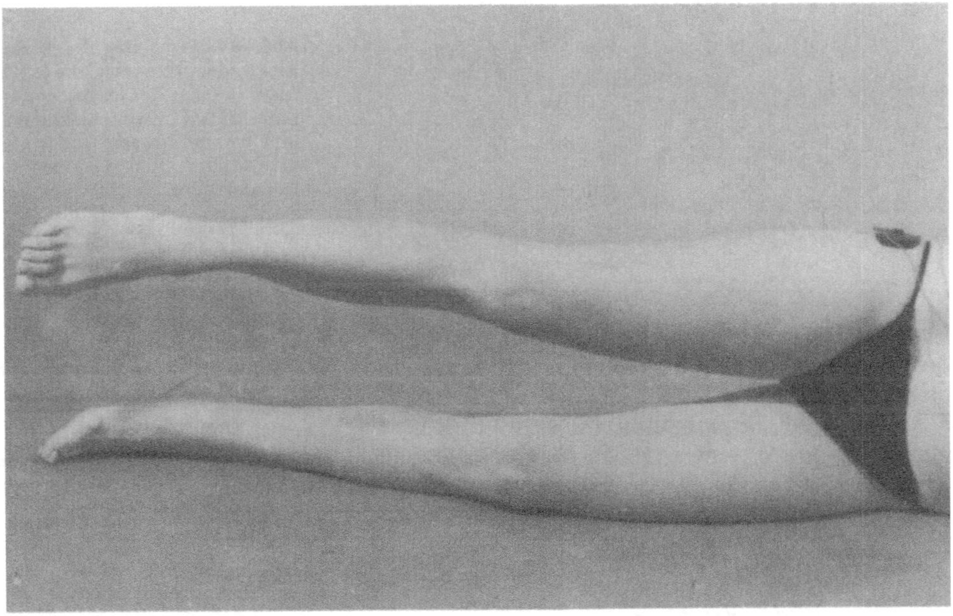

b)

Abb. 38: Abduktion der Hüfte: Effekt der Stimulation
(a) Ausgangsposition. (b) Hüftabduktion mit Hilfe der ES. Beachte, daß eine vollständige Abduktion in dieser Position wegen der Bewegung gegen die Schwerkraft kaum auszuführen ist.

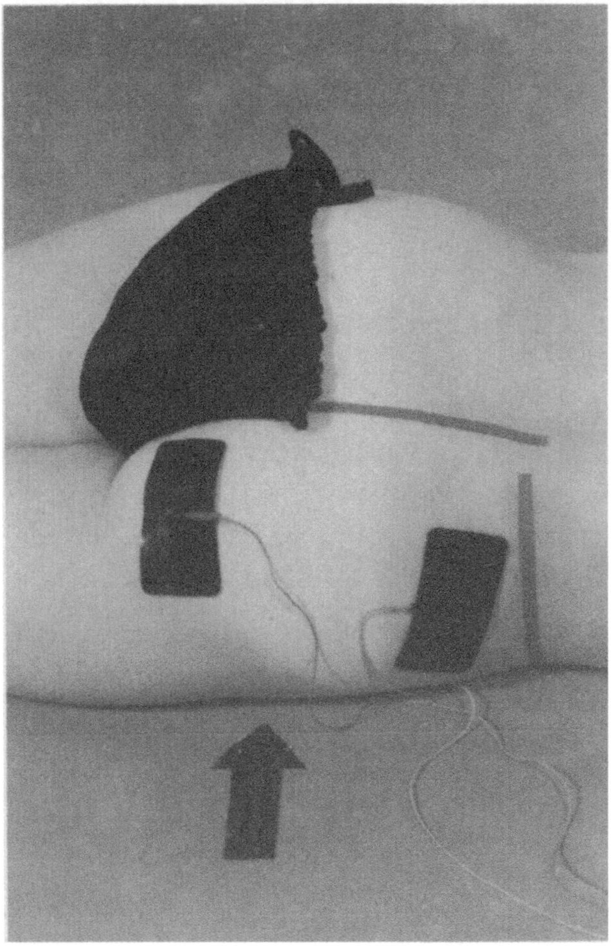

Abb. 39: Streckung der Hüfte: Elektrodenplazierung. Die aktive (oder kleinere) Elektrode liegt unterhalb des Darmbeinkammes und die indifferente (oder größere) über der Glutealfalte. Dornfortsätze, Crista iliaca und Trochanter major (Pfeil) sind markiert.

Diese Elektrodenplazierung eignet sich sowohl für ein Kräftigungstraining der Abduktoren, als auch für eine Stabilisierung der Standphase eines Schrittes. Wenn jedoch die Stimulation der Abduktoren als orthetisches Hilfsmittel während der Schwingphase eingesetzt werden soll, ist es sinnvoll, die aktive Elektrode weiter vorn anzubringen, um durch Stimulation des M. tensor fasciae latae eine zusätzliche Hüftbeugung auszulösen. Beide Elektroden werden auf etwa 7 × 5 cm zurechtgeschnitten und die Ecken abgerundet. Sie sollen sich nicht berühren und wenigstens 2 cm Abstand voneinander haben.

Extensoren des Hüftgelenks

Als alleinige Methode zum Training der Hüftextensoren ist die ES nicht geeignet. Es gibt Schwierigkeiten bei der dauerhaften Anlage der Elektroden und beim Auslösen einer ausreichend kräftigen Kontraktion wegen des dort meist recht dicken subkutanen Fettge-

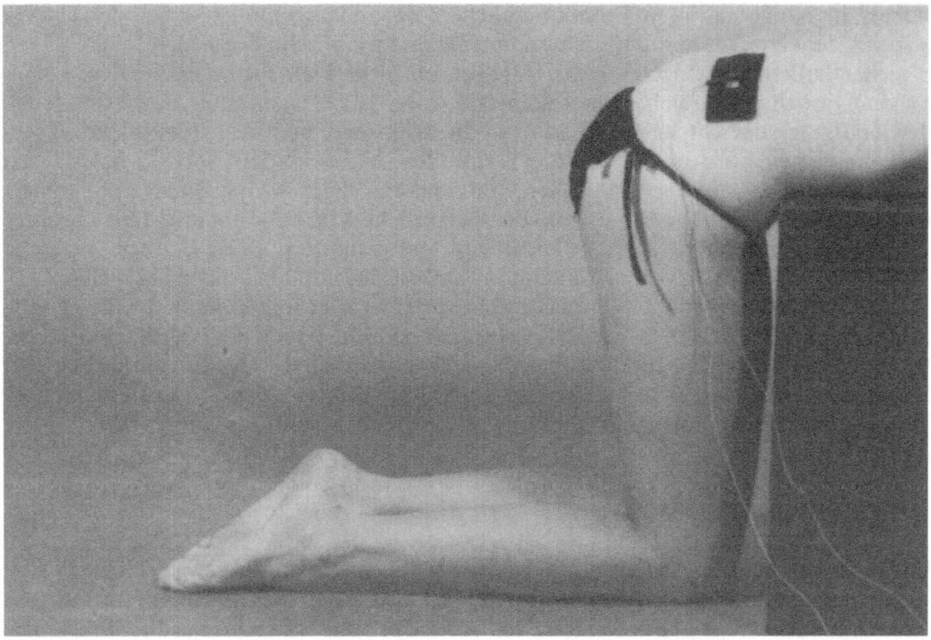

a)

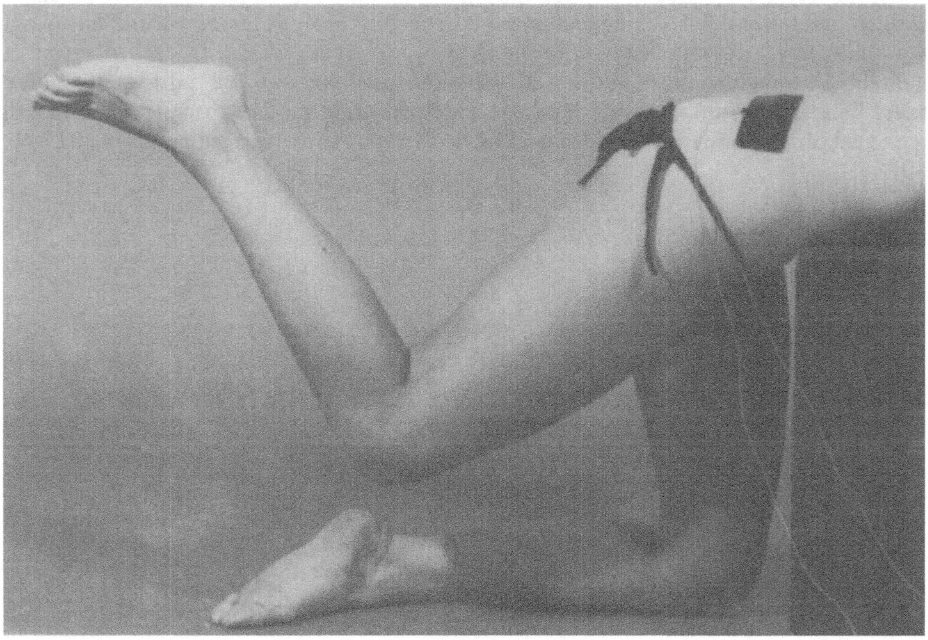

b)

Abb. 40: Streckung der Hüfte: Effekt der Stimulation.
(a) Ausgangsposition des Hüftgelenkes. (b) Hüftstreckung durch ES. Wegen der hier häufig recht gut entwickelten Fettschicht ist eine kräftige Kontraktion des M. glutaeus maximus schwer zu erreichen. Desweiteren muß oft die Elektrodenplazierung beim Übergang vom Liegen zum Stehen korrigiert werden, da sich die Elektroden wegen der Masse an Gewebe und deren Schwäche verlagern.

webes. In Kombination mit herkömmlichen Behandlungsformen kann die elektrische Reizung der Gluteal-Muskulatur eine sinnvolle und praktische Ergänzung sein.

Standardstreckübungen können durch gleichzeitige Elektrostimulation des M. glutaeus maximus noch erfolgreicher einer Kontraktur der Hüftbeuger entgegenwirken. Auch bei der Kräftigung der Glutealmuskulatur ist die Elektrostimulation in Kombination mit den herkömmlichen Belastungsübungen sehr effektiv. Als besonders wertvoll hat sie sich bei Patienten mit sensorischen Ausfällen, unterentwickeltem Körpergefühl oder fehlendem Raumgefühl erwiesen, denn sie kann die willkürliche Kontrolle über die für aufrechte Haltung und Standstabilität wichtige Muskulatur gut verbessern. Diese Übungen kann der Patient mit mechanischer Unterstützung im Stehen durchführen, indem er gleichzeitig mit einem elektrischen Reiz sein Körpergewicht verlagert. Der Impuls kann bei dieser Stimulationsart von Hand ausgelöst werden, oder man kann die auch periodisch wiederkehrende ES anwenden. Der Einbau eines Fußschalters in den Schuh zur Stimulation der Hüftextensoren hat sich bisher als nicht sehr vorteilhaft während des Laufens erwiesen wegen der zwei Standphasen, die zu Beginn und am Ende eines Schrittes vorkommen.

Elektrodenanlagestellen

Das Anlegen der Elektroden stößt, wie oben beschrieben, auf gewisse Schwierigkeiten, nicht nur wegen der schlecht leitenden subkutanen Fettschicht, sondern auch wegen der starken Verschiebungen der Muskulatur, beim Übergang vom Liegen zum Stehen. Die Behandlung der Glutealmuskulatur sollte daher immer am stehenden Patienten durchgeführt werden, auch wenn dazu eine mechanische Unterstützung des Patienten und ein Ausgleich der Schwerkraft notwendig werden. Die aktive (oder kleinere) Elektrode wird etwas unterhalb des Darmbeinkammes auf den M. glutaeus maximus und die indifferente (oder größere) Elektrode distal über den Muskeln angebracht. Beide Elektroden sollten recht groß sein, egal ob monophasische oder biphasische Ströme zur Anwendung kommen. (Abb. 39, 40).

7. Elektrostimulation der oberen Extremitäten

Ähnlich wie an den unteren Extremitäten kann die Elektrostimulation auch an der oberen Extremität zur Muskelkräftigung, zur Kontrakturenbehandlung, zur Verbesserung der Willkürmotorik und zur Verminderung von Spastizität angewendet werden. Wegen der großen Anzahl kleinerer Muskelgruppen und der sehr viel komplexeren Bewegungsmuster des Armes und der Hand ist das Aufsuchen der günstigsten Elektrodenanlagestellen erheblich schwieriger. Sowohl Beuger, als auch Strecker sind einer Behandlung zugänglich, obwohl bei Patienten mit zentralnervösen Störungen die ES der Streckmuskulatur im Vordergrund steht, da sie zu einem übermäßigen Flexorentonus neigen.

Die Stimulationspunkte werden wegen der anatomischen Verhältnisse mit einer kleinen Elektrode aufgesucht. Beim Suchen der besten Anlagepunkte arbeitet man mit einer niedrigen Impulsfrequenz, um sensorische Mißempfindungen und Muskelermüdung zu minimieren. Durch Umschalten auf eine höhere Frequenz kann die Wirkung der ES auf das „Ziel"-Gelenk sowie benachbarte Gelenke getestet werden. Letzteres ist besonders bei Patienten mit Cortex- oder Rückenmarksläsionen wichtig. Bei spinal geschädigten Patienten ist es zum Beispiel nicht erwünscht, daß die Stimulation des Extensors in einem Gelenk gleichzeitig zur Streckung in benachbarten Gelenken führt. Im Gegensatz dazu ist bei Patienten mit Schädigung der Cortex diese gemeinsame Streckung oft wünschenswert, da so das schwache Zusammenspiel aller Armstrecker begünstigt wird. Ist es unmöglich, durch Verändern der Elektrodenplazierung unerwünschte Mitbewegungen von Gelenken zu vermeiden, können diese mechanisch durch eine Orthese blockiert werden.

Schulter

Die ES der Schultermuskulatur dient in erster Linie der Muskelkräftigung und der Wiedererlangung der willkürlichen Kontrolle. Patienten mit Cortex- oder Rückenmarksschäden sind hierfür gut geeignet, da ihnen häufig die Kraft zum Heben und Abduzieren des Armes fehlt. Obwohl es nicht möglich ist, eine Hebung oder Abduktion in der Schulter gegen die Schwerkraft durch alleinige Stimulation des M. deltoideus zu erzeugen, kann diese Übung dem Patienten bei der Kontrolle seiner Willkürmotorik und beim Verhindern von Spastizität der Schulteradduktoren helfen. Mit einem 2-Kanal-Gerät (oder mehreren Elektroden) kann gleichzeitig auch die Rotatorenmanschette (Mm. subscapularis, supraspinatus, infraspinatus und teres minor) stimuliert werden. Damit kann ein Bewegungsumfang von über 90° erreicht werden.

Die Stimulation der Schulter kann bei manchen Patienten mit eingeschränkter Schulterbeweglichkeit oder mit Schulter-Arm-Syndrom die Schmerzen lindern.

Bevor ein Patient nach einer Verletzung oder einer Operation mit einem Beweglichkeitstraining beginnt, muß sichergestellt sein, daß er die Übungen ohne Nachteil durchführen kann. Muskelkräftigungsprogramme können durch herkömmliche Belastungsübungen unterstützt werden. Eine Schultersubluxation kann, besonders bei gleichzeitiger Hemiplegie, durch ein Kräftigungsprogramm der Mm. deltoideus und supraspinatus gebessert werden [72, 73]. Die Röntgenbilder in Abb. 44 zeigen diesen Effekt sehr eindrucksvoll.

Die Kontraindikation der Elektrostimulation bei Patienten mit einem Herzschrittmacher ist bei Programmen zur Schulterstimulation wegen der Nähe von Gelenk und Herz besonders zu beachten. Patienten mit anderen Herzerkrankungen, speziell Reizleitungsstörungen, sollen mit einem EKG-Monitor am Beginn der Behandlung engmaschig überwacht werden. Nach unseren Erfahrungen hat es noch keine negativen Auswirkungen dieser Stimulationsart auf das Herz gegeben. Sicherheitshalber wird jedoch routinemäßig ein EKG angefertigt.

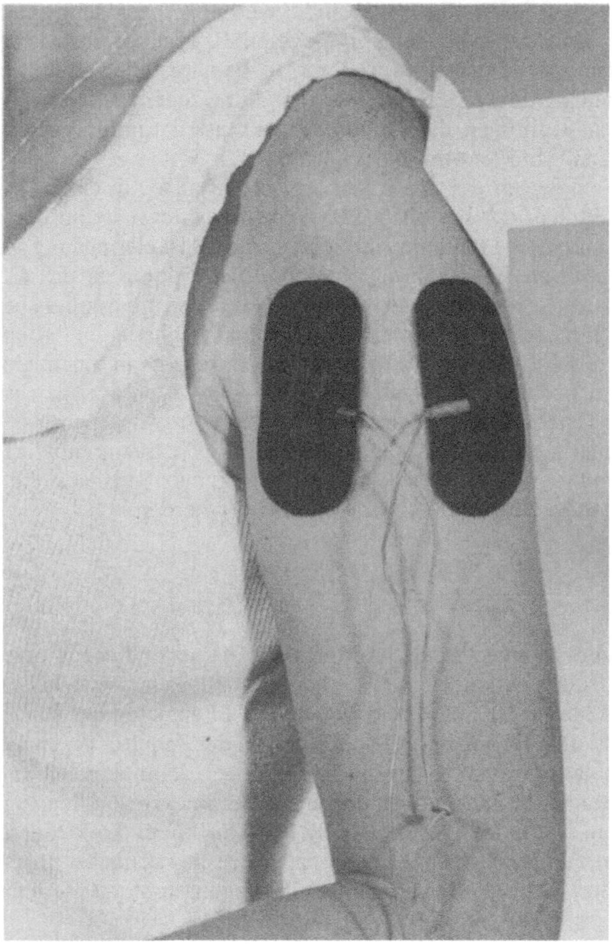

Abb. 41: Abduktion im Schultergelenk: Elektrodenplazierung. Beide Elektroden werden unterhalb des Acromions auf dem proximalen Drittel des Oberames angebracht. Zwischen den Elektroden sollte ein Abstand von mindestens $2^1/_2$ cm bleiben. Bei monophasischen Strömen wird die Polarität der Elektroden entsprechend dem Stimulationsprogramm (Heben des Armes oder Abduktion) gewählt. Acromion und Humeruskopf sind markiert (Pfeil).

Elektrodenanlagestellen

Die Elektroden zur Stimulation der Schultermuskulatur sollten relativ groß sein. Bei Kräftigungs-, Hebe- und Abduktionsübungen werden beide Elektroden über dem M. deltoideus angelegt, die aktive Elektrode über dem vorderen Teil und die indifferente über dem mittleren (Abb. 41 und 42).

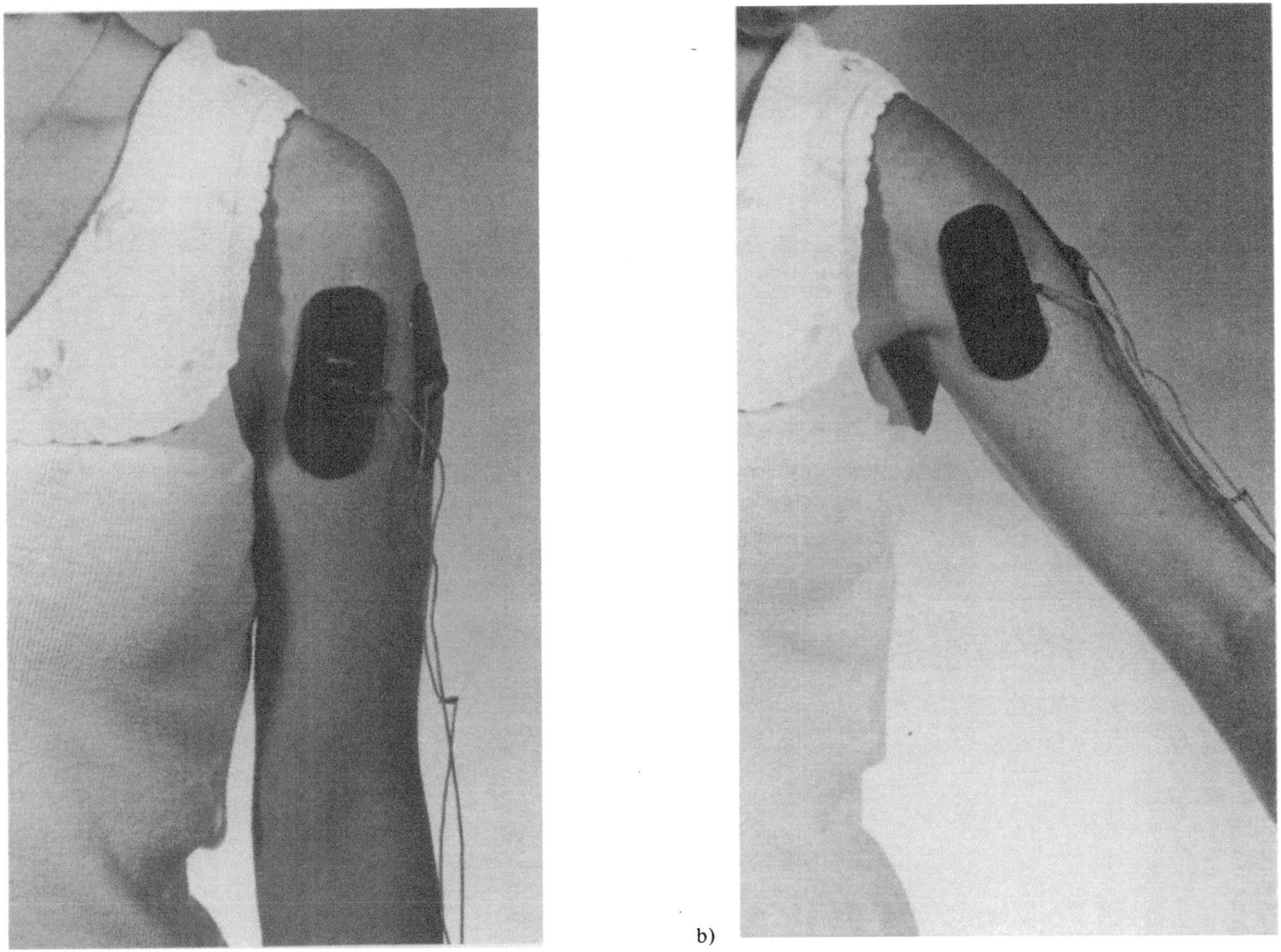

a) b)

Abb. 42: Abduktion im Schultergelenk: Effekt der Stimulation.
(a) Ausgangsposition der Schulter.
(b) Abduktion im Schultergelenk nach Elektrostimulation.

Falls eine unerwünschte Adduktion durch Kontraktion der Mm. pectorales auftritt, kann diese durch Umpolen der Elektroden (Umstöpseln der Elektrodenstecker am Gerät) reduziert werden, wie auch durch Begrenzung des Stimulationsstromes, wobei ein Winkel von 30–45° bei einer kombinierten Hebe- und Abduktionsbewegung nicht überschritten werden sollte.

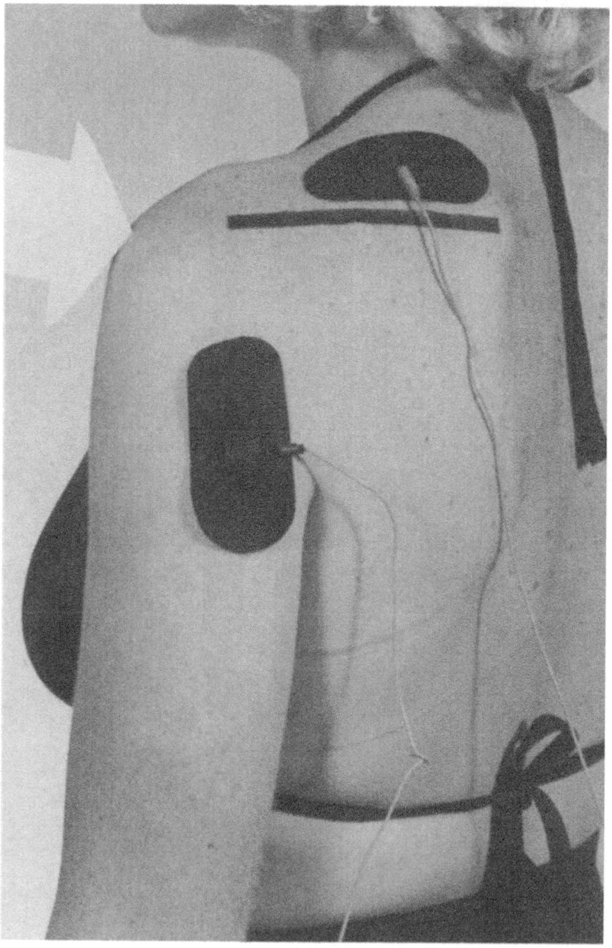

Abb. 43: Behandlung der Schultersubluxation: Elektrodenplazierung. Die aktive (oder kleinere) Elektrode liegt über dem hinteren Teil des M. deltoideus am oberen Drittel des Oberarms, die indifferente (oder größere) Elektrode (möglichst auf die Form der Fossa supraspinata scapulae zugeschnitten) über dem M. supraspinatus. Acromion und Spina scapulae sind markiert.

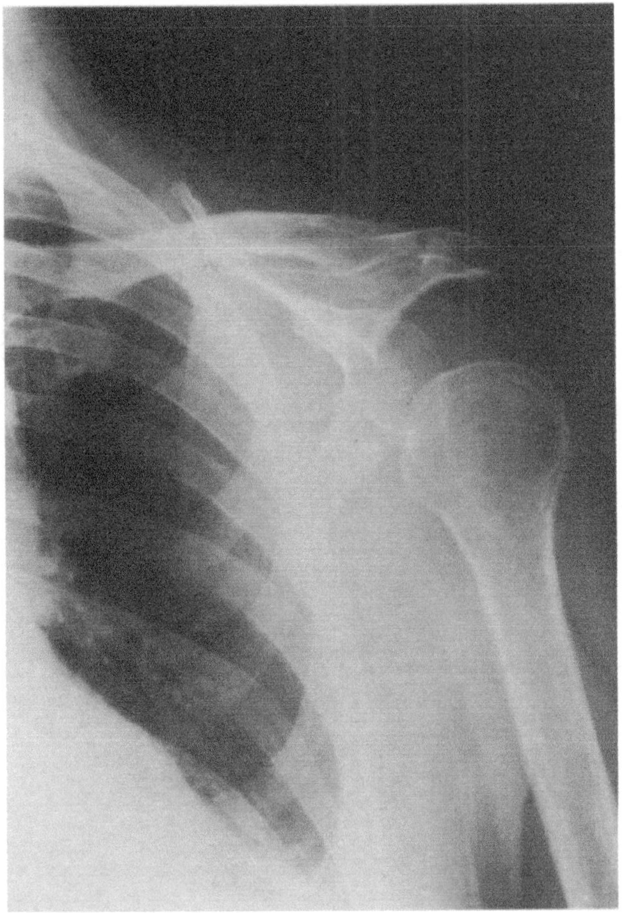

a)

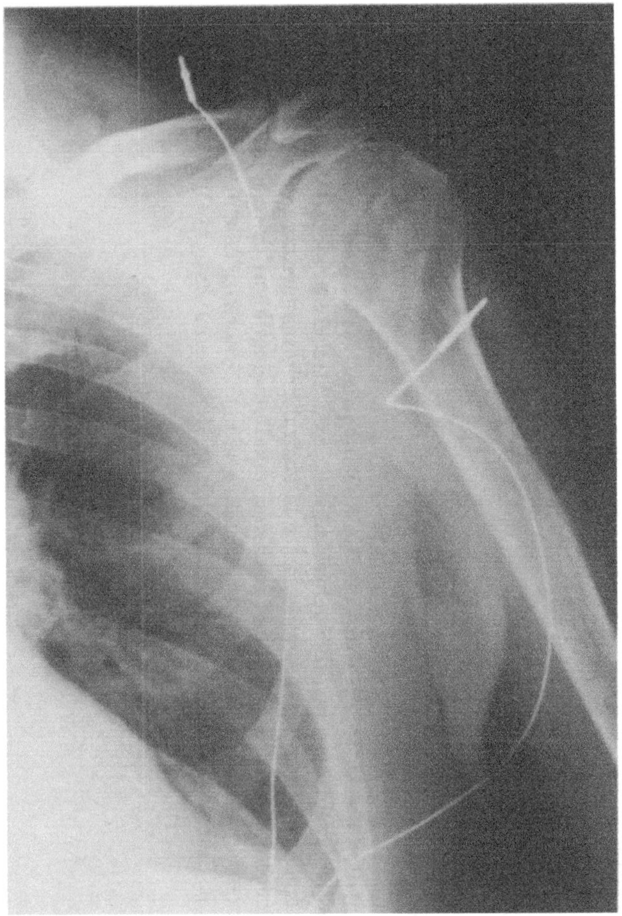

b)

Abb. 44: Behandlung der Schultersubluxation: Effekt der Stimulation. Der subluxierte Humerus (a) wird durch ES des dorsalen Teiles des M. deltoideus und des M. supraspinatus angehoben (b). Ein leichtes Schütteln in der Schulter kann bei gleichzeitiger Reizung des M. trapezius vorkommen. Dieser unerwünschte Effekt kann weitgehend vermieden werden, wenn die Elektrode über der Fossa supraspinata indifferent gemacht wird.

Zur Kräftigung der Muskulatur und zur Behandlung der Schultersubluxation sollte die indifferente Elektrode über der Fossa supraspinata angebracht werden, um die Aktivität des M. trapezius auf ein Minimum zu beschränken. Entsprechend den anatomischen Gegebenheiten müssen beide Elektroden unter Umständen sorgfältig zurechtgeschnitten werden.

Ellenbogenstrecker

Die Stimulation des M. triceps dient der Muskelkräftigung, der Verbesserung von spezifischen Bewegungsabläufen im Ellbogengelenk oder von Streckbewegungen des gesamten Armes, der Behandlung von Kontrakturen und auch der Verminderung einer Spastizität des M. biceps. Patienten mit Zustand nach Implantation eines künstlichen Ellenbogengelenkes oder nach akutem Trauma von Ellenbogen- und Schultergelenken wie auch Patienten mit Erkrankungen der motorischen Nerven der oberen Extremität können von

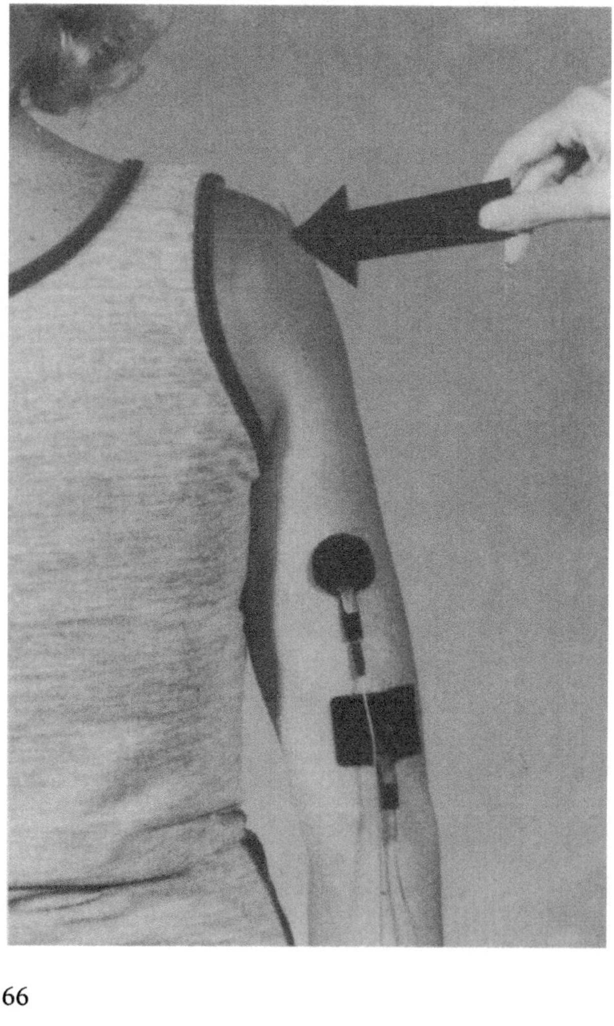

Abb. 45: Streckung im Ellenbogengelenk: Elektrodenplazierung. Die aktive (oder kleinere) Elektrode wird am hinteren mittleren Drittel des Oberarmes angebracht; die indifferente (oder größere) Elektrode liegt knapp oberhalb des Ellenbogengelenkes. Das Acromion ist mit dem Pfeil markiert.

a)

b)

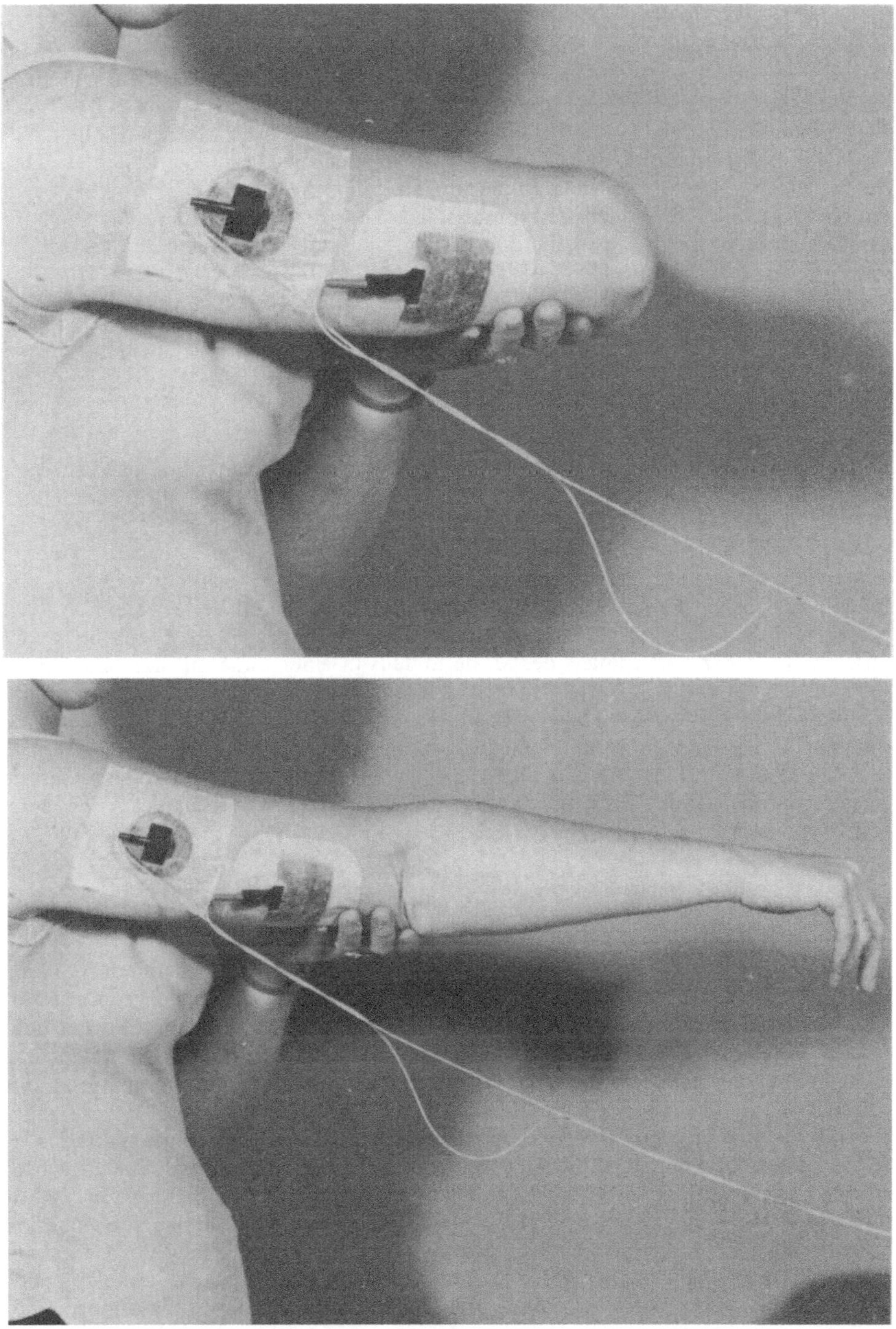

Abb. 46: Streckung im Ellenbogengelenk: Effekt der Stimulation.
(a) Ausgangsposition des Ellbogengelenkes. (b) Streckung im Ellenbogengelenk während der ES.

dieser Behandlungsmethode profitieren. Hauptziel des Triceps-Trainings ist die Verringerung des übermäßigen Flexorentonus. Mit einem externen Handschalter kann man eine Streckung im Ellbogengelenk auch während Tätigkeit am Tisch auslösen. Um eine gute funktionelle Verbesserung zu erreichen, muß man 2 Stimulationskanäle bzw. mehrere Elektroden verwenden, da auch Handgelenk und Finger gestreckt werden sollen. Ähnlich wie die Stimulation des M. biceps und der Kniegelenksbeuger kann der Patient die Reizung des M. triceps als sehr unangenehm empfinden, selbst wenn er die ES sonst gut verträgt. Durch sorgfältiges Einstellen der Impulsstärke lassen sich diese unangenehmen Nebenerscheinungen vermeiden; es sollte dem Patienten gestattet sein, eine Zeitlang mit für ihn verträglichen Stimulationsparametern zu arbeiten, denn im Laufe der Zeit tritt eine Gewöhnung an die sensorischen Empfindungen ein, die ein stärkeres Einstellen des Impulsstromes erlaubt.

Elektrodenanlagestellen

Es ist oft schwierig, eine ausreichende Kontraktion des M. triceps ohne gleichzeitige Aktivierung der Mm. biceps und brachio radialis oder der Handgelenk- und Fingerstrecker auszulösen. Besondere Sorgfalt beim Anlegen der Elektroden erfordert die Trennung des M. triceps vom M. brachio radialis, da sie nicht nur sehr nahe beieinander liegen, sondern auch beide vom N. radialis innerviert werden. Diese Trennung ist jedoch sehr wichtig, da der M. brachio radialis ein Beuger im Ellenbogengelenk ist und damit der erwünschten Wirkung entgegenarbeitet. Die aktive Elektrode soll relativ klein (ca. 3 cm ϕ) sein und wird am unteren Rand der Pars spinalis des M. deltoideus in einer Linie mit dem Olecranon, befestigt (Abb. 45 und 46). Die günstigste Plazierung muß man durch Versuche im Einzelfall ermitteln. Die indifferente (oder größere) Elektrode liegt weiter distal auf dem Muskel, oberhalb seines sehnigen Ansatzes am Olecranon ulnae.

Um Hautirritationen zu vermeiden, soll weder die Elektrode noch das Befestigungspflaster über dem Gelenk oder in einer Hautfalte, die bei Bewegungen des Armes entsteht, angebracht werden.

Ellenbogenbeuger

Obwohl bei der ES der Ellenbogenmuskulatur das Training der Extensoren im Vordergrund steht, gibt es auch Erkrankungen, bei denen die Beugung im Ellenbogengelenk gestört ist. Patienten mit Erkrankungen des ZNS sind wegen ihres überwiegenden Beugertonus für eine ES der Flexoren wenig oder gar nicht geeignet, während die Behandlung orthopädischer Probleme wie Kontrakturen oder Gelenkversteifungen infolge Immobilisation sinnvoll ist.

Ein besonderer Vorteil bei der Anwendung der ES am Ellenbogengelenk ist das Fehlen vieler bei den herkömmlichen krankengymnastischen Übungen auftretenden Nebenwirkungen, wie zum Beispiel Schwellung, Erguß, Empfindlichkeit, Schmerz und reaktiv gesteigerte Verspannung. Nichts desto trotz müssen auch bei einer ES-Behandlung übermäßige Muskelkontraktionen vermieden werden, und der Bewegungsumfang des Gelenkes darf nicht mit Gewalt vergrößert werden. Stimulatoren, die eine langsame Verkürzung der Impulsanstiegszeit bzw. Steigerung der Impulsdauer während einer Stimulationsperiode erlauben, sind für diesen Zweck besonders geeignet (s. Kapitel 3). Ambulante Patienten, die sich oft in der Rekonvaleszenzphase nach einer orthopädischen Erkrankung befinden, können ein Heimtraining durchführen, sofern dieses besonders sorgfältig überwacht wird.

Soll ein Patient sowohl Beugung als auch Streckung trainieren, ist die Benutzung eines getrennt steuerbaren 2-Kanal-Systems anzustreben. Damit können abwechselnd M. triceps und M. biceps stimuliert werden.

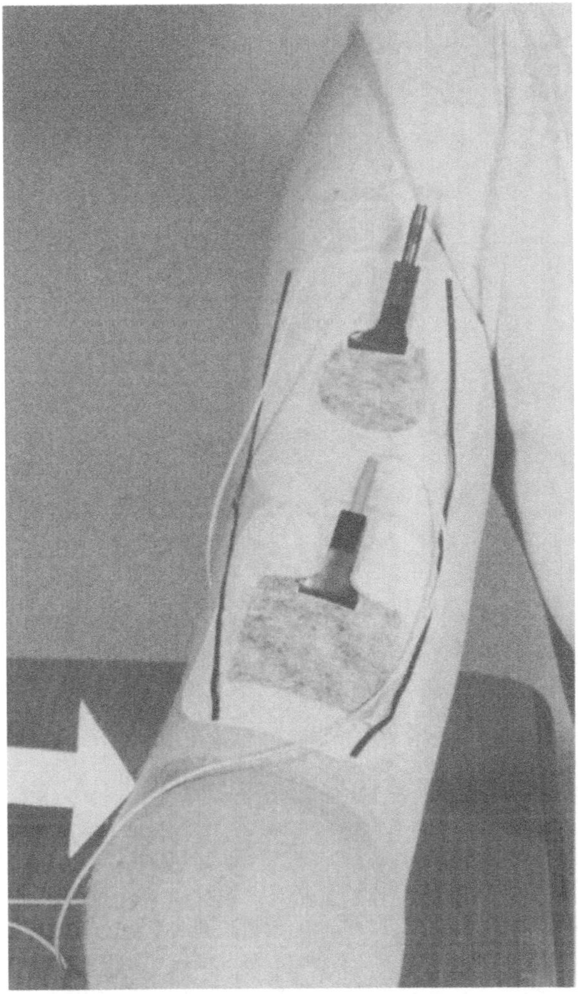

Abb. 47: Beugung im Ellenbogengelenk: Elektrodenplazierung. Bei Plazierung der Elektroden innerhalb der eingezeichneten Linien kann eine maximale Ellenbogenbeugung bei gleichzeitiger minimaler Mitkontraktion anderer Muskeln ausgelöst werden. Die aktive Elektrode liegt am vorderen, mittleren Drittel des Oberarms, die indifferente oberhalb des Ellenbogengelenkes. Der Condylus humeri lateralis ist mit dem Pfeil markiert.

Elektrodenanlagestellen

Die Elektroden zur Reizung des M. biceps müssen wegen der begrenzten Raumverhältnisse einerseits recht klein sein, andererseits wegen der unmittelbaren Nähe empfindlicher sensibler Nerven recht groß, um die Stromdichte möglichst gering zu halten. Als Kompromiß verwendet man Elektroden von ca. 3 cm Durchmesser, wobei die indifferente (oder größere) Elektrode etwas größer sein kann (Abb. 47, 48). Die aktive (oder kleinere) Elektrode

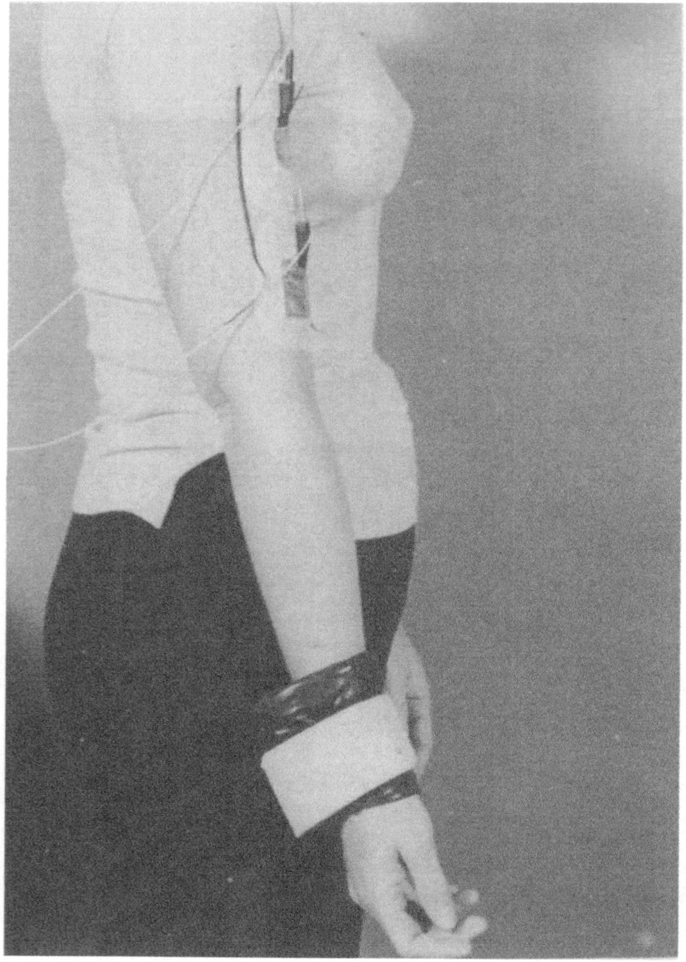

a)

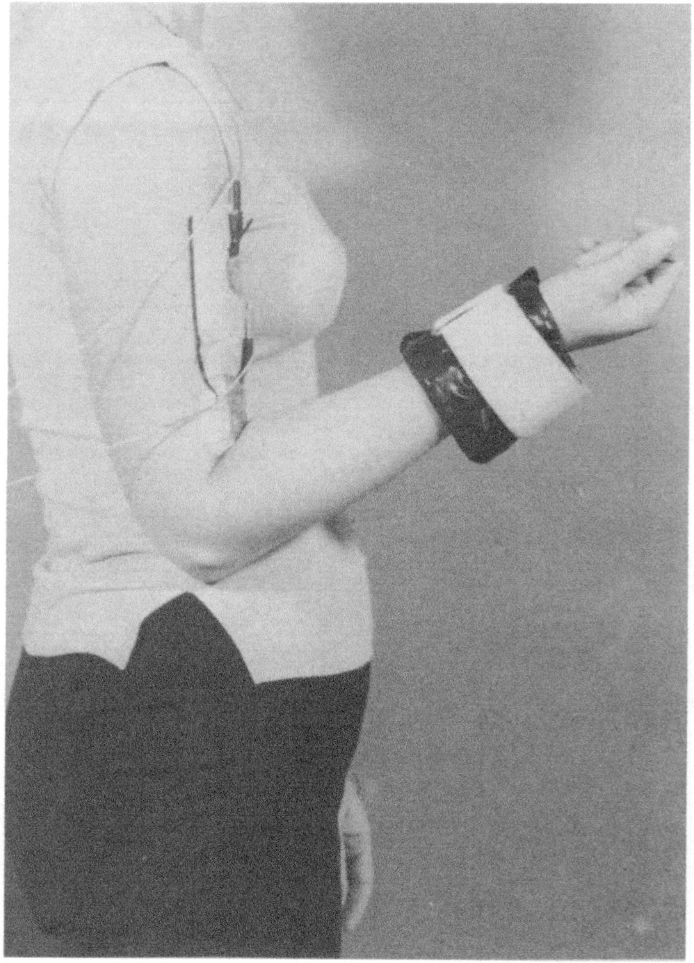

b)

Abb. 48: Beugung im Ellenbogengelenk: Effekt der Stimulation.
(a) Ausgangslage des Ellenbogengelenkes.
(b) Beugung im Ellenbogengelenk während der elektrischen Reizung.

wird 5–7 cm von der Schulter entfernt auf dem M. biceps befestigt. Tritt gleichzeitig eine Reizung des M. pectoralis auf, muß die Elektrode etwas nach distal verschoben werden. Die indifferente Elektrode liegt ca. 3 cm oberhalb der Ellenbogenbeuge.

Dorsalflexoren im Handgelenk und Fingerextensoren

Bei Anwendung der ES im Bereich der Hände und der Finger gelten die üblichen Indikationen. Ist am Stimulationsgerät ein Handschalter vorhanden, kann man mit diesem sehr effektiv funktionelle Bewegungen, wie Greifen und Loslassen, trainieren. Wegen der Anatomie des Unterarms erfolgt in aller Regel während der Streckübungen eine Bewegung in mehreren Gelenken. Eine selektive Stimulation bestimmter einzelner Handgelenks- oder Fingerstrecker ist meist schwierig. Bei neurologischen Patienten ist die Bewegung mehrerer Gelenke sogar vorteilhaft, da dadurch die Bewegungskoordination gefördert wird. Wenn die Bewegung mehrerer Gelenke unerwünscht ist, muß das entsprechende Gelenk mechanisch blockiert werden; bei der Behandlung von Flexionskontrakturen der Finger zum Beispiel muß das Handgelenk fixiert werden, da sie sonst durch die Dorsalflexion im Handgelenk in einer mechanisch ungünstigen Ausgangsposition wären und die Finger nicht voll gestreckt werden könnten. Auch während der Behandlung von Spastizität müssen gelegentlich Gelenke mechanisch blockiert werden, besonders bei Patienten nach Schlaganfall oder Schädel-Hirn-Trauma. In einigen Fällen gelingt es, Dorsalflexoren im Handgelenk und Fingerstrecker durch sehr sorgfältige Auswahl der Elektrodenanlagestellen getrennt zu stimulieren. Ist das Hauptziel des ES eine Dorsalflexion im Handgelenk, sollte man sich bemühen, wirklich nur die Dorsalflexion am Patienten zu stimulieren, ehe man eine Streckung der Finger als Nebeneffekt in Kauf nimmt.

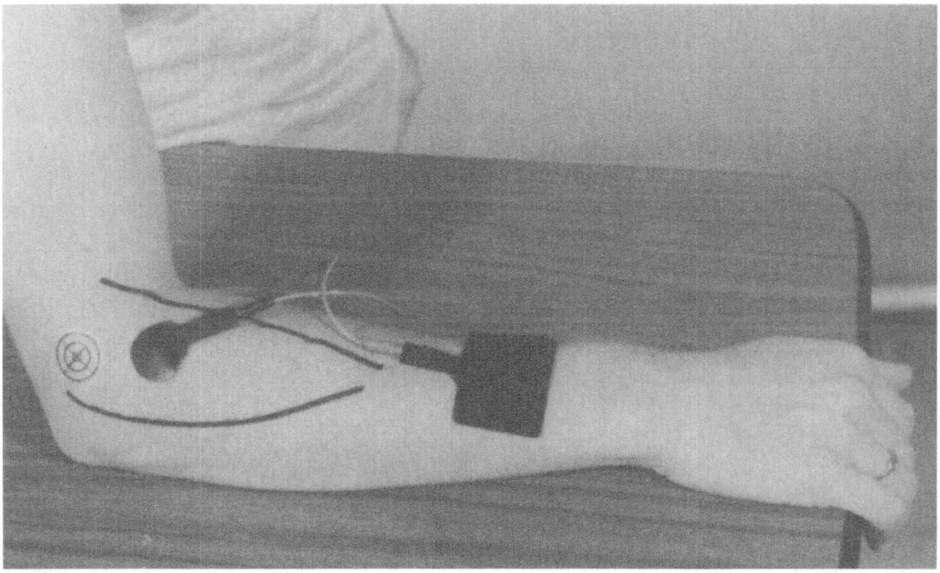

Abb. 49: Streckung im Handgelenk: Elektrodenplazierung. Der für eine Streckung im Handgelenk ohne Beteiligung anderer Muskeln wesentliche Muskelbereich ist eingezeichnet. Der Condylus humeri lateralis ist markiert.

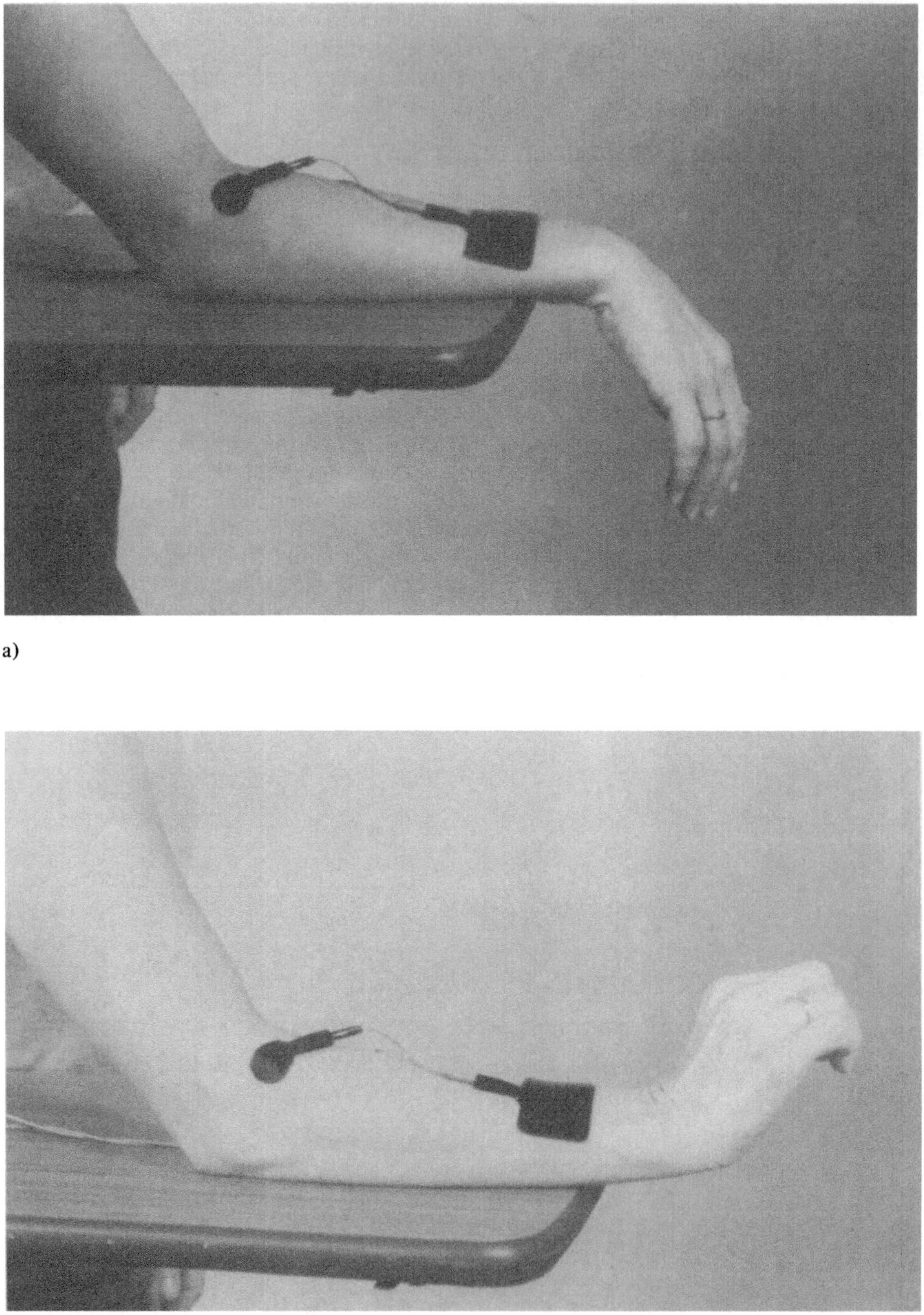

a)

b)

Abb. 50: Dorsalflexion im Handgelenk: Effekt der Stimulation. (a) Ausgangsposition des Handgelenkes. (b) Streckung während der Stimulation. Beachte das vollkommene Fehlen einer Fingersteckung in (b).

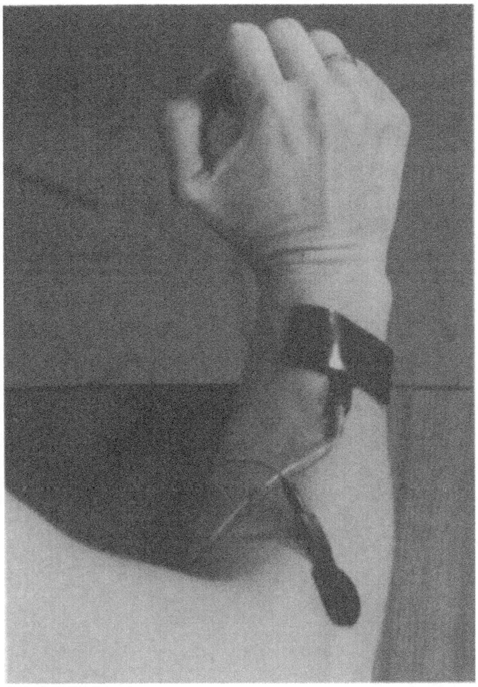

a)

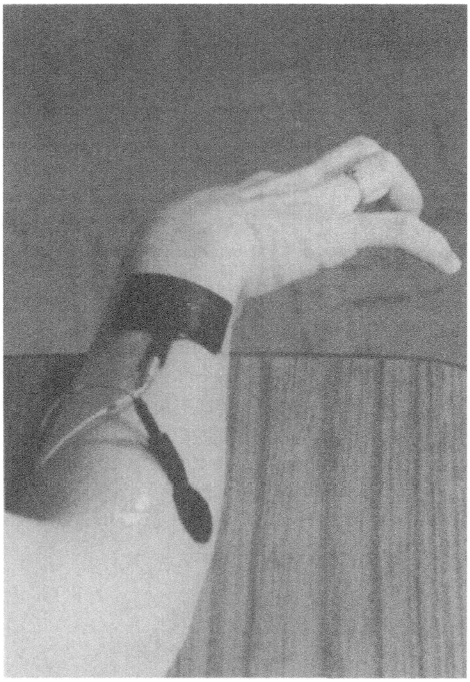

b)

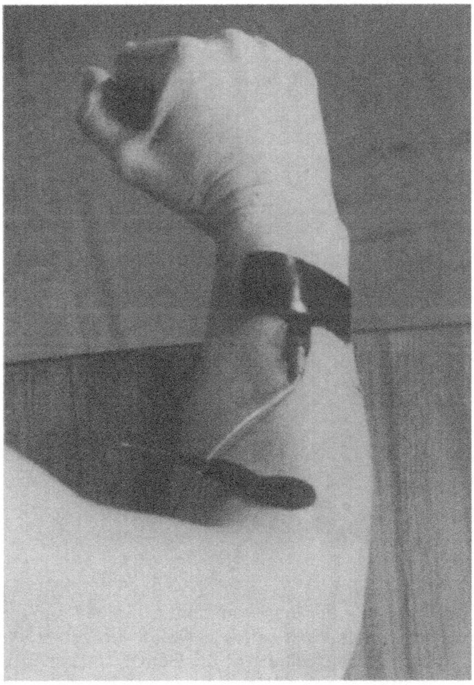

c)

Abb. 51: Dorsalflexion im Handgelenk: Radial- und Ulnardeviation. In (a) ist die korrekte Bewegung des Handgelenkes während der Stimulation dargestellt. Ulnare und radiale Extensoren sind gleichmäßig kontrahiert. Falsches Anliegen der Elektroden führt zu ulnarer (b) oder radialer (c) Abweichung.

Elektrodenanlagestellen

Sowohl bei Stimulation der Finger als auch des Handgelenkes liegt die indifferente (oder größere) Elektrode unmittelbar proximal des Handgelenkes an der Dorsalseite des Unterarms in einiger Entfernung von Knochenvorsprüngen und Hautfalten. Je nach Größe des Armes soll sie ca. $2^1/_2 \times 5$ cm groß sein. Die aktive (oder kleinere) Elektrode mißt ca. 2,5 cm im ϕ, und liegt im oberen Drittel des Unterarms. Ihre genaue Lage hängt von der gewünschten Reaktion ab. Soll in erster Linie das Handgelenk nach dorsal flektiert werden, wird die aktive Elektrode nahe dem Condylus humeri lateralis plaziert (Abb. 49 und 50). Die Dorsalflexion im Handgelenk soll möglichst ohne Radial- oder Ulnarabweichung erfolgen, und es sollte ausreichende Möglichkeit zur Bewegung der Finger bleiben (s. Abb. 51).

Wünscht man ausschließlich eine Streckung der Finger, wird die aktive (oder kleinere) Elektrode näher an das Handgelenk gelegt (Abb. 52 und 53). Man kann zwar von einer einzigen Elektrodenanlagestelle aus alle 4 Fingerstrecker gleichzeitig aktivieren, jedoch ist eine Streckung des Zeige- und Mittelfingers für die Funktion der Hand wesentlich wichtiger als die Streckung des vierten und fünften Fingers. Bei guter Beweglichkeit des Daumens kann durch Streckübungen von Zeige- und Mittelfinger der funktionelle Gebrauch der Hand erheblich verbessert werden.

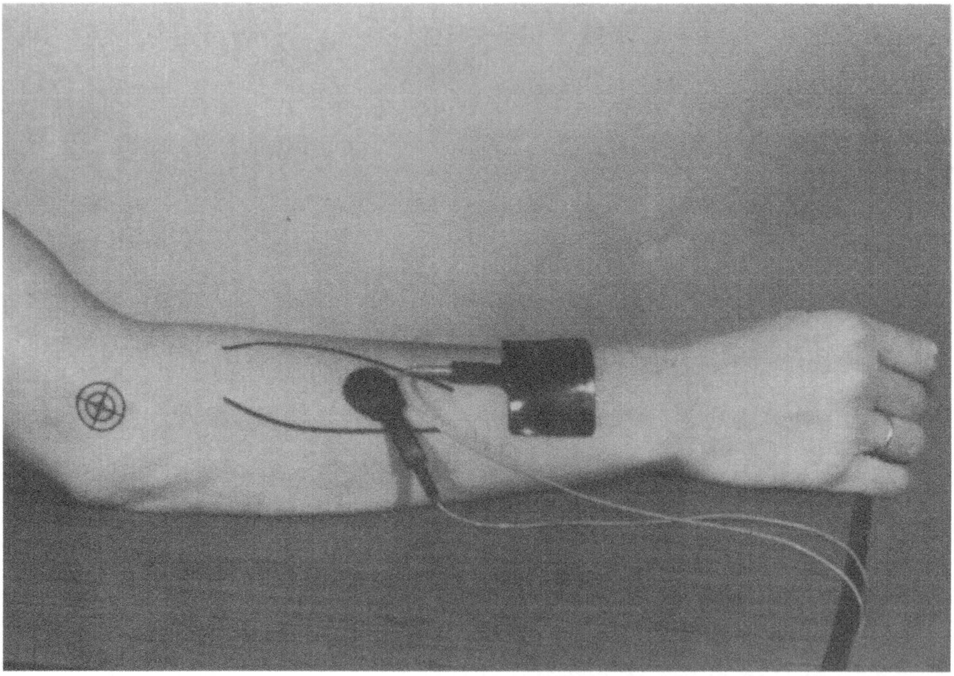

Abb. 52: Streckung der Finger: Elektrodenplazierung. Innerhalb der eingezeichneten Linien kann eine Fingerstreckung bei minimaler Dorsalflexion im Handgelenk ausgelöst werden. Da die Fingerstrecker tiefer als die Dorsalflexoren liegen, liegt das optimale Stimulationsgebiet für die Fingerstrecker distal von dem für die Dorsalflexoren des Handgelenkes. Der Condylus humeri lateralis ist markiert.

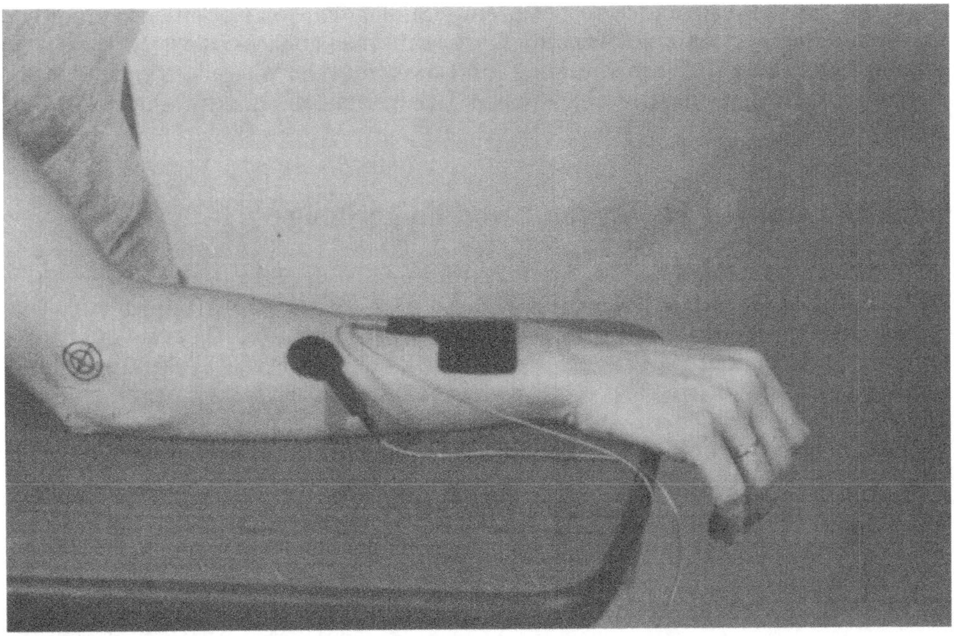

a)

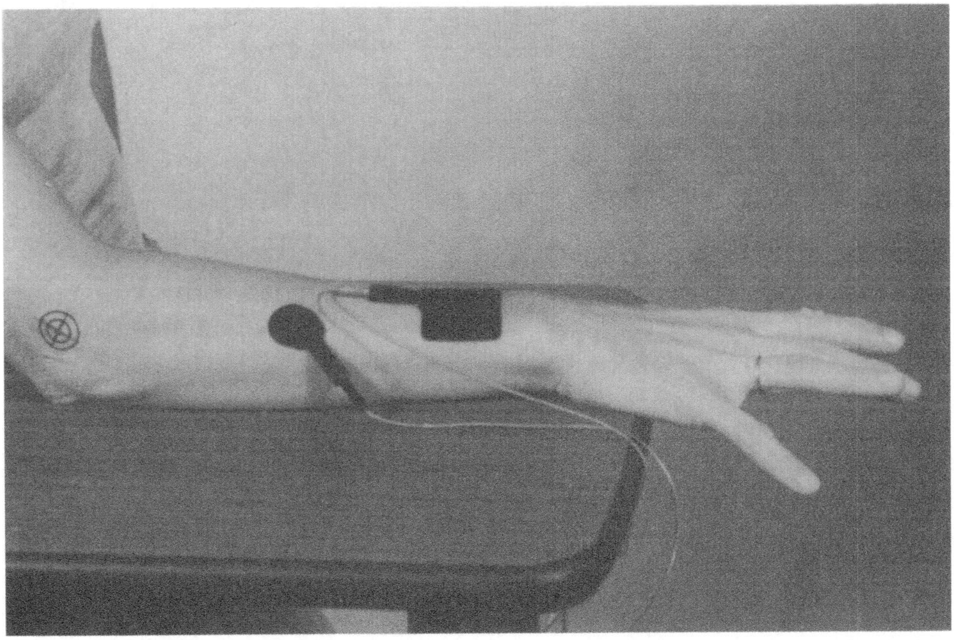

b)

Abb. 53: Streckung der Finger: Effekt der Stimulation. (a) Ausgangposition (b) Streckung der Finger unter Einfluß des ES. Beachte das Fehlen einer Dorsalflexion im Handgelenk während der Stimulation.

In den meisten Fällen ist eine gleichzeitige Stimulation von Dorsalflexoren im Handgelenk und Fingerextensoren erwünscht. Dazu sucht man zunächst die beste Elektrodenanlagestelle für eine gute Fingerstreckung auf. Durch Verwenden einer größeren Elektrode können im allgemeinen die Dorsalflexoren im Handgelenk sehr effektiv mitgereizt werden (Abb. 54 und 55).

Palmarflexoren im Handgelenk und Fingerbeuge

Zur Kräftigung der Handgelenks- und Fingerflexoren ist die ES gut einzusetzen, ebenso auch bei Patienten, deren Gelenkbeweglichkeit zum Beispiel nach Implantation eines künstlichen Karpal- oder Metakarpalgelenkes verbessert werden soll. Da es außerordentlich schwierig ist, einen kräftigen Zugriff durch Stimulation der oberflächlichen Fingerbeuger auszulösen, ist eine Behandlung dieser Patienten in der frühen Rekonvaleszenz mit dem größten Erfolg durchzuführen.

Patienten mit neurologischen Erkrankungen kommen für diese Behandlung nicht in Frage, da die bei ihnen gelegentlich auftretenden Streckkontrakturen in der Regel so unbedeutend sind, daß sie keiner Behandlung bedürfen. Die Fixierung von Hand und Fingern

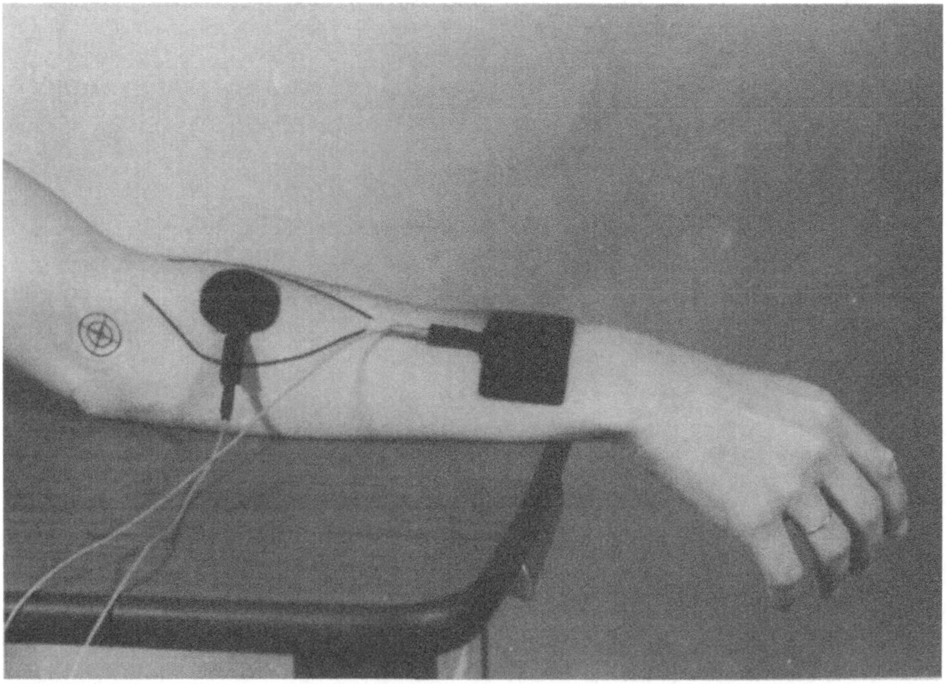

Abb. 54: Streckung der Finger und Dorsalflexion im Handgelenk: Elektrodenplazierung. Die optimale Plazierung der aktiven (oder kleineren) Elektrode ist etwas weiter distal als bei der selektiven Stimulation der Dorsalflexoren im Handgelenk. Um beide Muskelgruppen simultan zu reizen ist unter Umständen eine größere Elektrode notwendig.

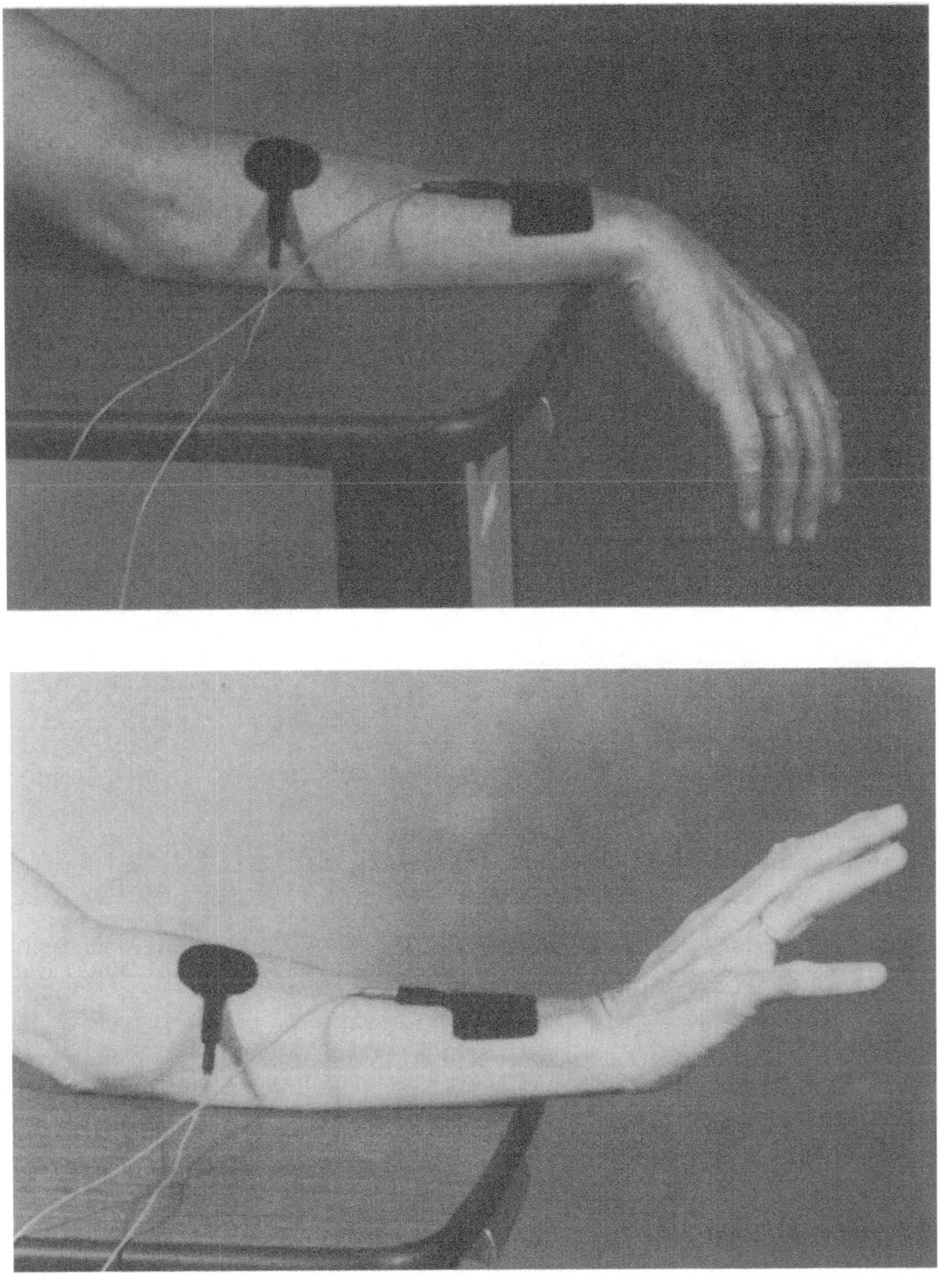

a)

b)

Abb. 55: Streckung der Finger und Dorsalflexion im Handgelenk: Effekt der Stimulation. (a) Ausgangsposition von Hand und Fingern. (b) Dorsalflexion der Hand und Fingerstreckung unter Einfluß der ES. Beachte die etwas geringere Dorsalflexion im Handgelenk infolge Streckung der Finger und sekundärer Dehnung der Fingerbeuger.

in Extensionsstellung nach Schlaganfall ist selbst bei operativer Korrektur der Extensionskontrakturen prognostisch ungünstig, so daß die ES hier mehr zur Lockerung der starren Muskulatur und damit zur Herabsetzung der Verletzungsgefahr der versteiften Glieder dient.

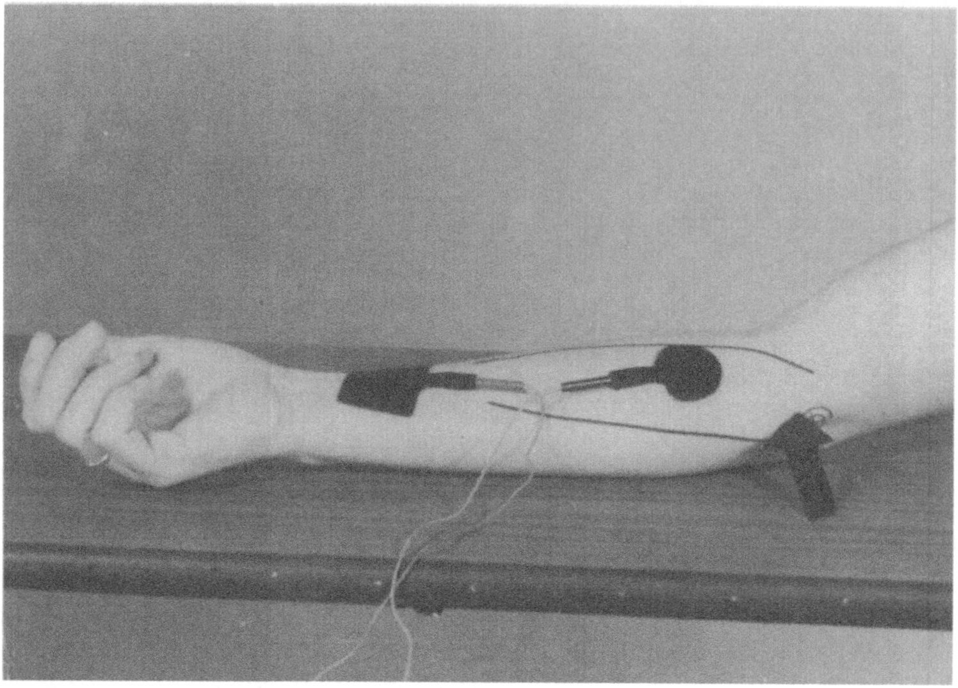

Abb. 56: Palmarflexion im Handgelenk: Elektrodenplazierung. Zwischen den Linien kann am ehesten eine Palmarflexion im Handgelenk ohne Aktivierung anderer Muskeln ausgelöst werden. Der Condylus humeri medialis ist markiert (Pfeil).

Elektrodenanlagestellen

Zur Stimulation der Palmarflexoren wird die aktive, mittelgroße (ca. 3 × 5 cm) Elektrode proximal in der Mittellinie auf die Volarseite des Unterarmes gelegt (Abb. 56 und 57). Es ist wichtig, daß zwischen radialen und ulnaren Flexoren Gleichgewicht besteht, so daß keine Seitabweichungen während der Kontraktion auftreten (Abb. 58). Die indifferente (oder größere) Elektrode wird am distalen Unterarm über den Sehnen der Flexoren befestigt.

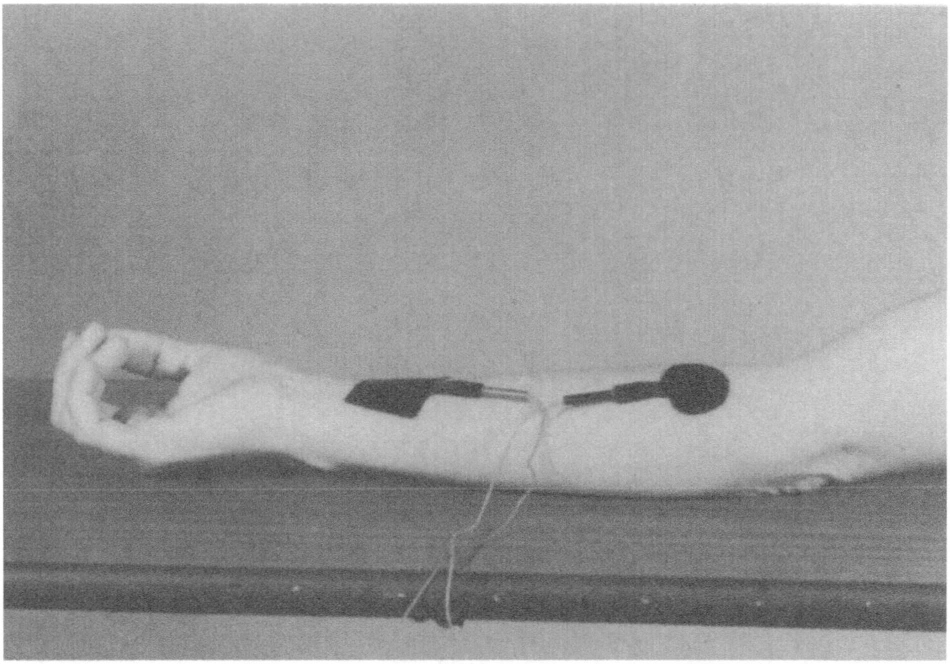

a)

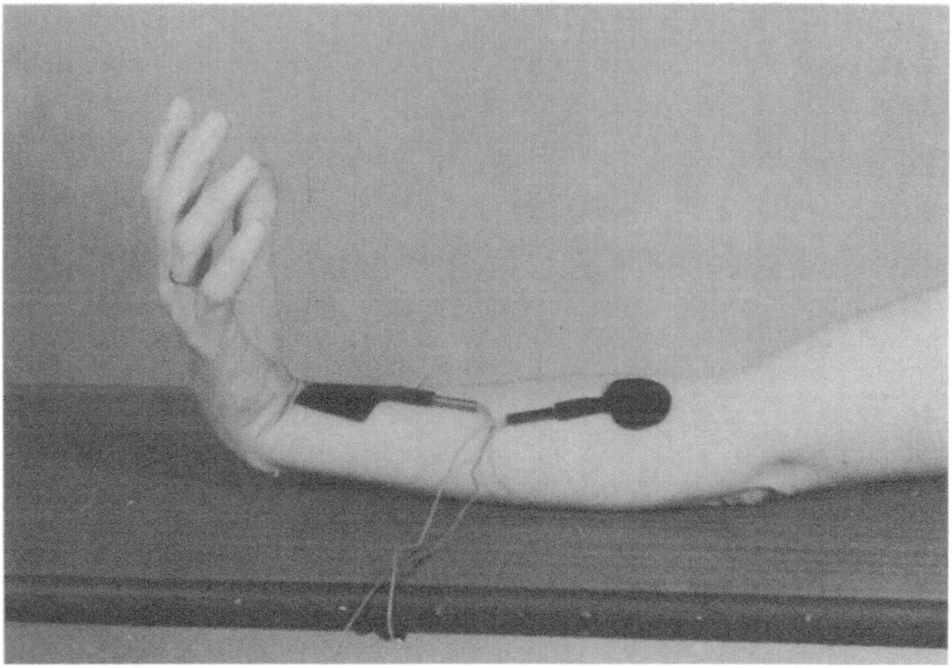

b)

Abb. 57: Palmarflexion im Handgelenk: Effekt der Stimulation. (a) Ausgangsposition der Hand. (b) Palmarflexion im Handgelenk durch die ES. Beachte das Fehlen der Fingerbeugung in (b).

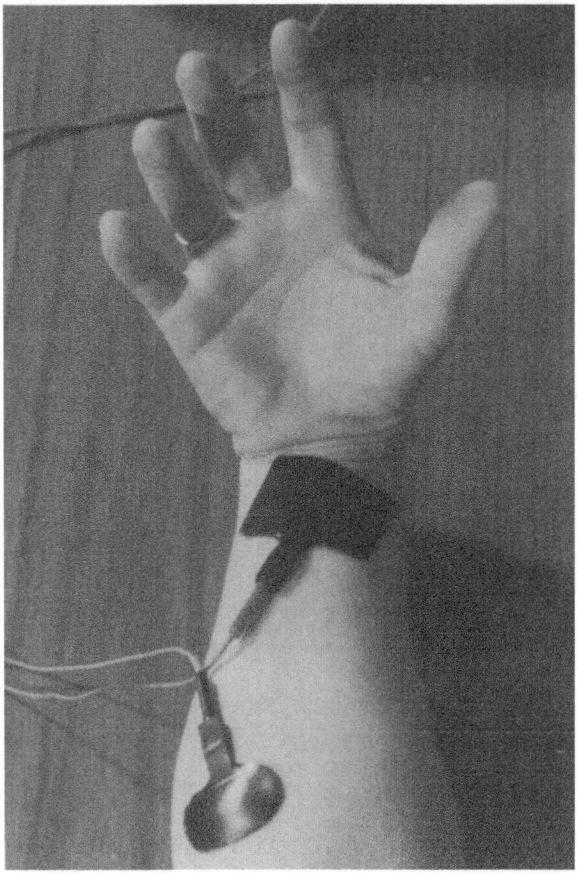

Abb. 58: Volarflexion im Handgelenk: Balance zwischen radialen und ulnaren Flexoren. Ausgewogene Kontraktion ohne Ablenkung der Hand nach ulnar oder radial dargestellt.

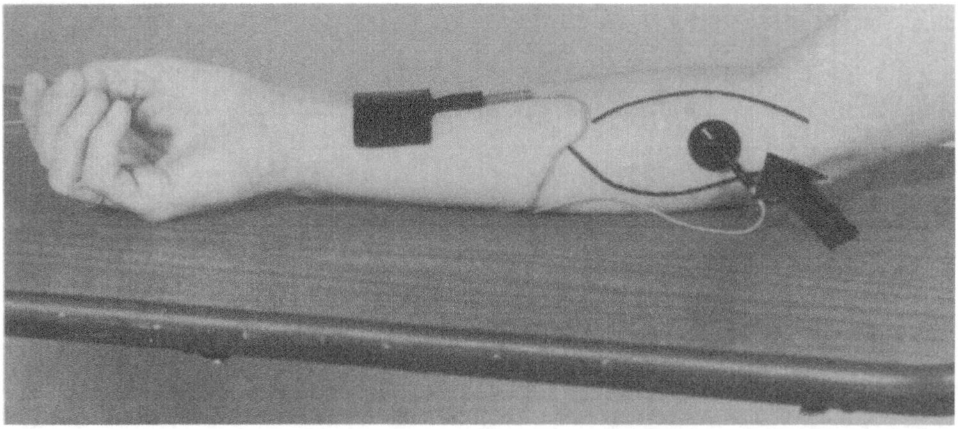

Abb. 59: Beugung der Finger: Elektrodenplazierung. In dem markierten Muskelbereich läßt sich eine Beugung der Finger ohne gleichzeitige Volarflexion im Handgelenk am ehesten erreichen. Beachte, daß der Bereich zur Fingerbeugung mehr auf der Ulnarseite des Unterarmes liegt als der für die Palmarflexion. Der Condylus humeri medialis ist durch den Pfeil gekennzeichnet.

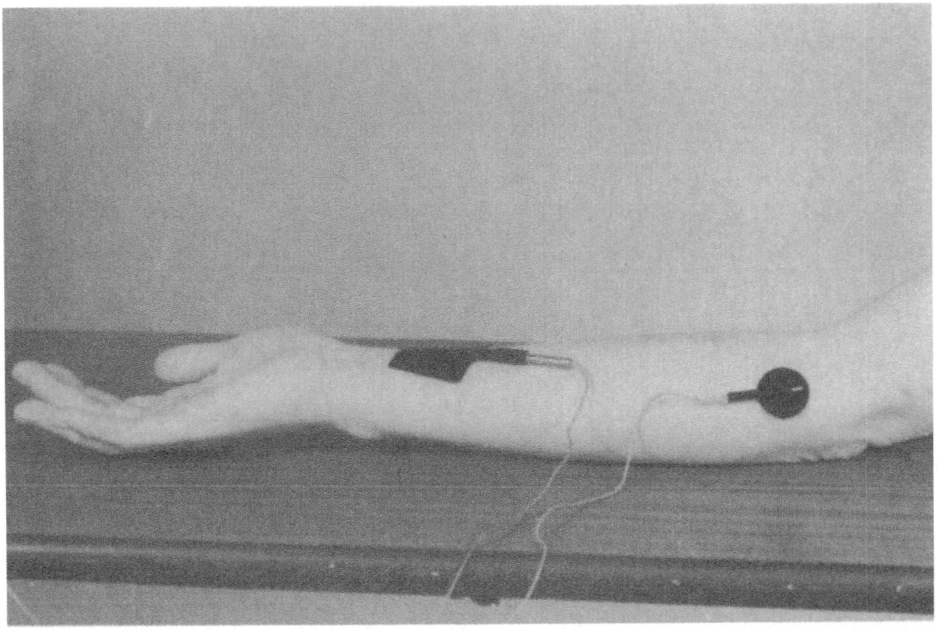

a)

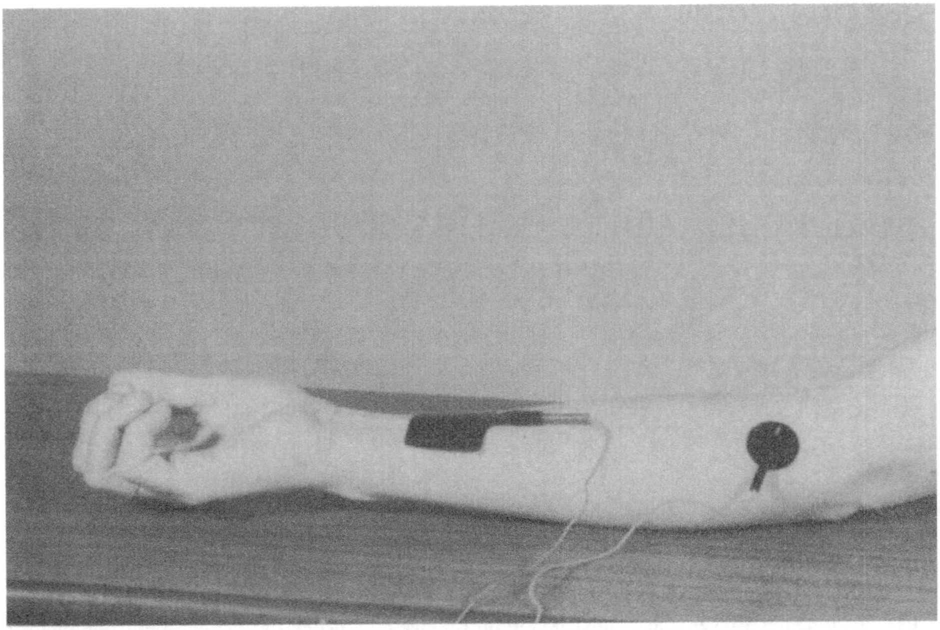

b)

Abb. 60: Beugung der Finger: Effekt der Stimulation. (a) Ausgangsposition der Finger. (b) Beugung während des ES. Beachte, daß keine Palmarflexion im Handgelenk stattfindet.

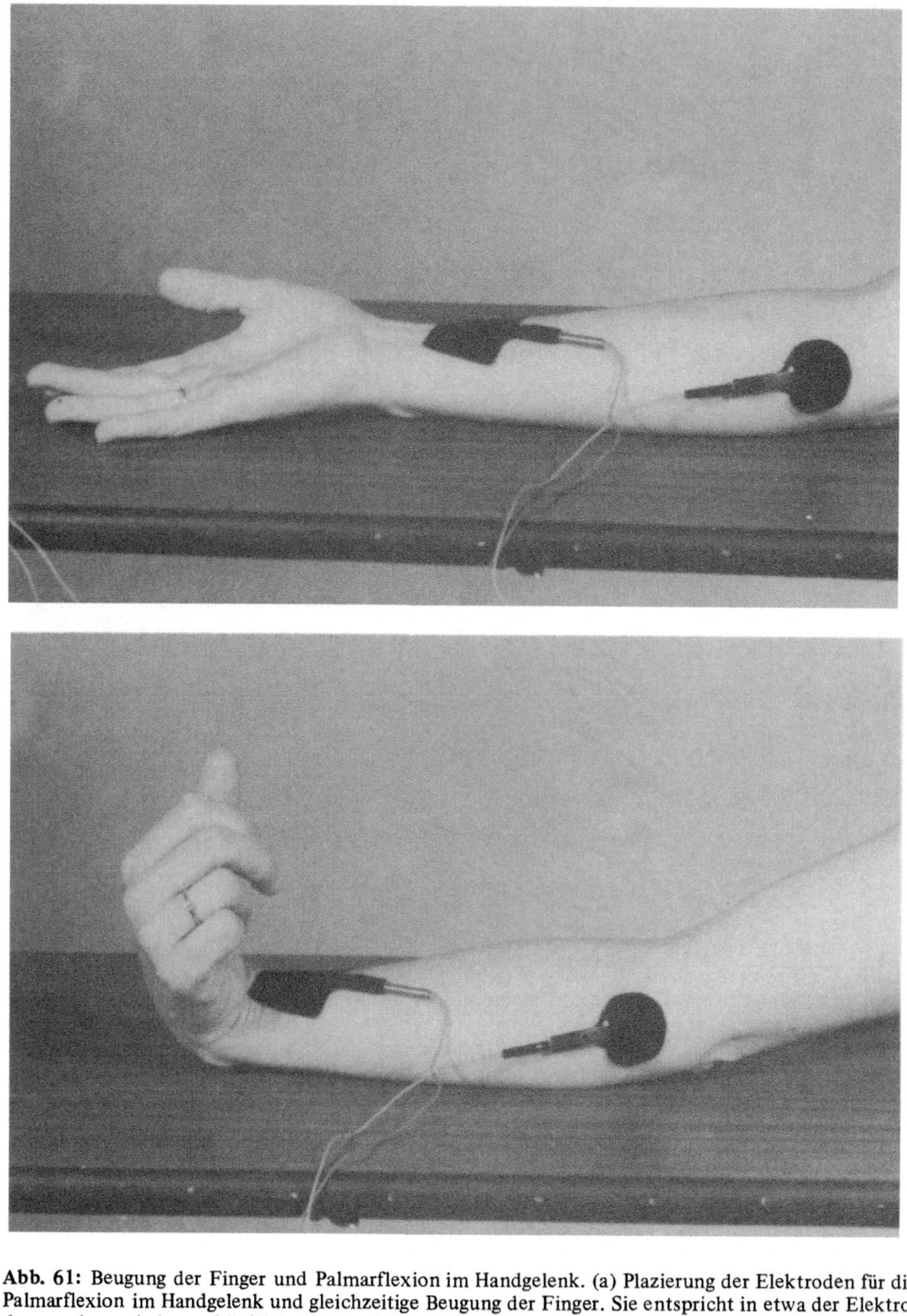

a)

b)

Abb. 61: Beugung der Finger und Palmarflexion im Handgelenk. (a) Plazierung der Elektroden für die Palmarflexion im Handgelenk und gleichzeitige Beugung der Finger. Sie entspricht in etwa der Elektrodenanordnung bei ausschließlicher Fingerbeugung. Die Palmarflexion im Handgelenk wird durch Verwenden einer größeren Elektrode erreicht. Beachte den etwas verminderten Bewegungsumfang von Handgelenk und Fingern, infolge Spannung der langen Fingerstrecker.

Die selektive Stimulation der Fingerbeuger erfordert ein sehr genaues Anlegen der kleinen aktiven Elektrode. Wird sie sehr weit oben genau in der Mitte befestigt, läßt sich eine ausschließliche Beugung der Finger erreichen. Die indifferente (oder größere) Elektrode bleibt distal auf der Volarseite liegen (Abb. 59 und 60). Bei Verwendung einer etwas größeren aktiven Elektrode an der oben beschriebenen Stelle werden Palmarflexoren und Fingerbeuger gleichzeitig gereizt (Abb. 61).

Handmuskeln

Die Stimulation der Mm. lumbricales und interossei der Hand findet zur Kräftigung des Zugriffes Anwendung. Die Indikationen entsprechen den allgemeinen Richtlinien: nach Nervenverletzungen, Implantation eines künstlichen Gelenkes oder Verletzungen der Sehnen der Unterarmmuskulatur. Solche Patienten entwickeln regelmäßig Inaktivitätsatrophien. Stimulation der Handmuskeln ist nach unserer Erfahrung auf Kräftigungsübungen beschränkt.

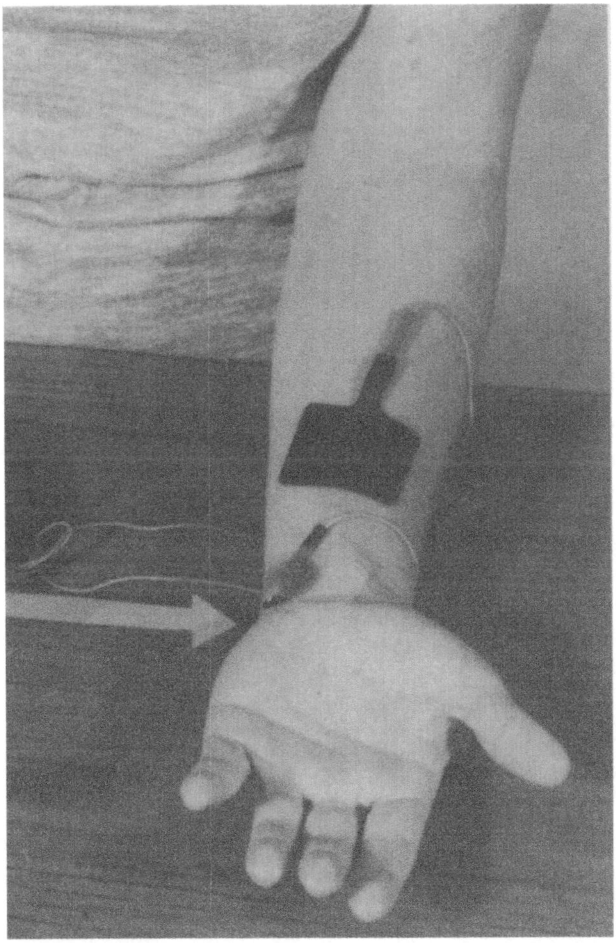

Abb. 62: Elektrodenanlage zur Reizung der Mm. lumbricales. Die aktive (oder kleinere) Elektrode liegt unmittelbar proximal vom Os pisiforme (Pfeil). Die indifferente (oder größere) Elektrode liegt entweder, wie hier dargestellt, auf der Volarseite des Unterarmes oder zur Unterstützung der Fingerstreckung auf der Dorsalseite des Unterarmes. Diese Elektrodenanlage erlaubt die gleichzeitige Stimulation des dritten und vierten M. lumbricalis und der Mm. interossei dorsales und palmares.

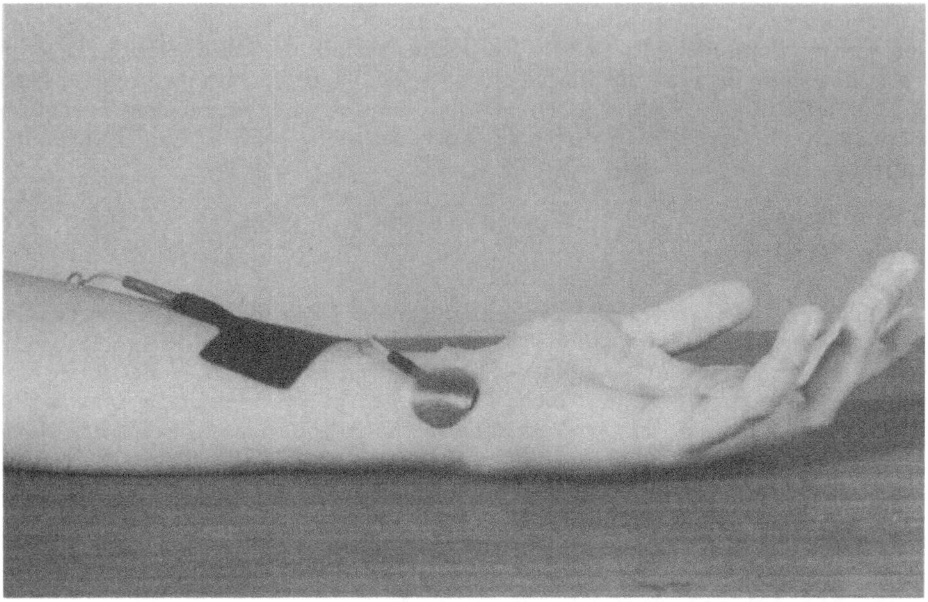

a)

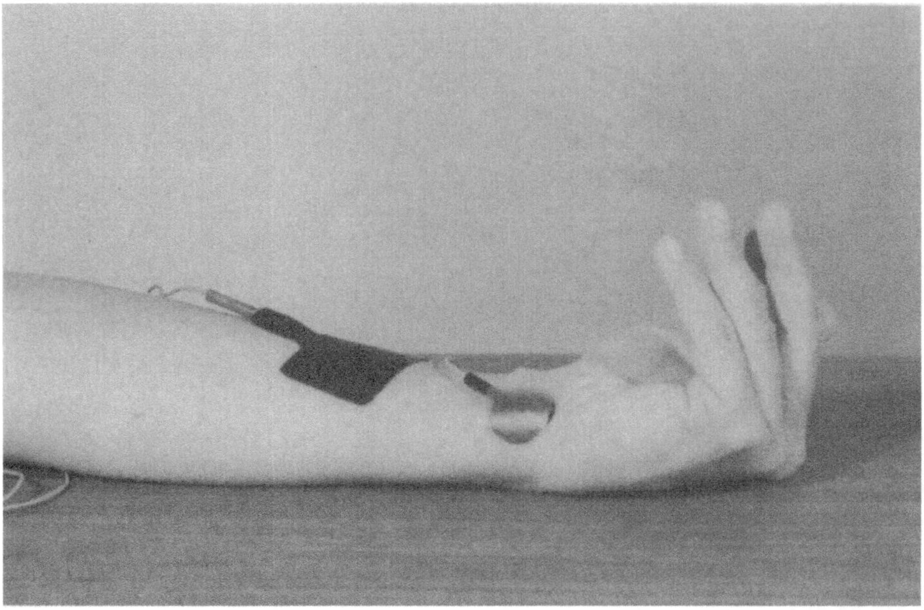

b)

Abb. 63: Effekt der Stimulation auf die Mm. lumbricales. (a) Ausgangsposition der Hand. (b) „Lumbrical"-Griff während ES. Beachte die stärkere Reaktion von 4. und 5. Finger im Vergleich zum 2. und 3. Finger.

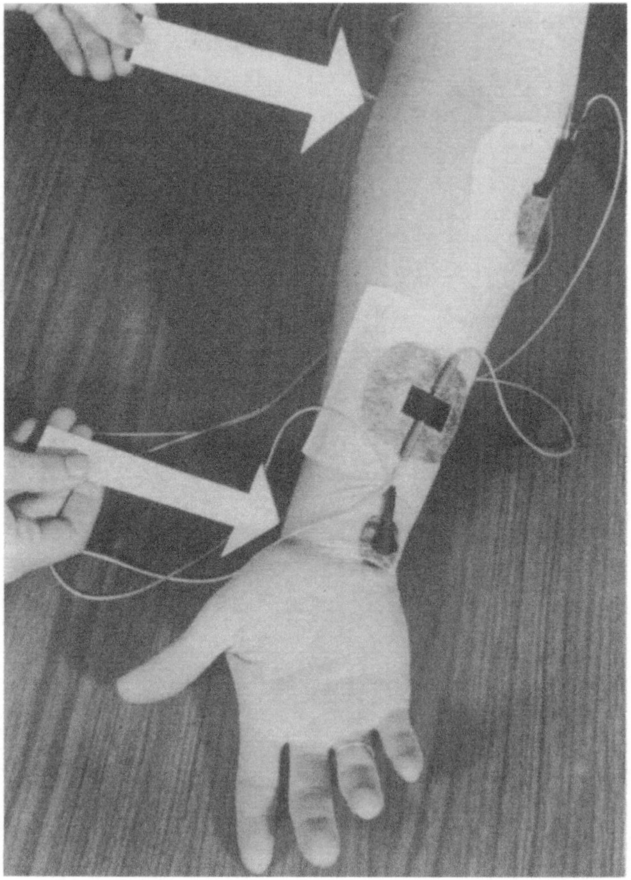

a)

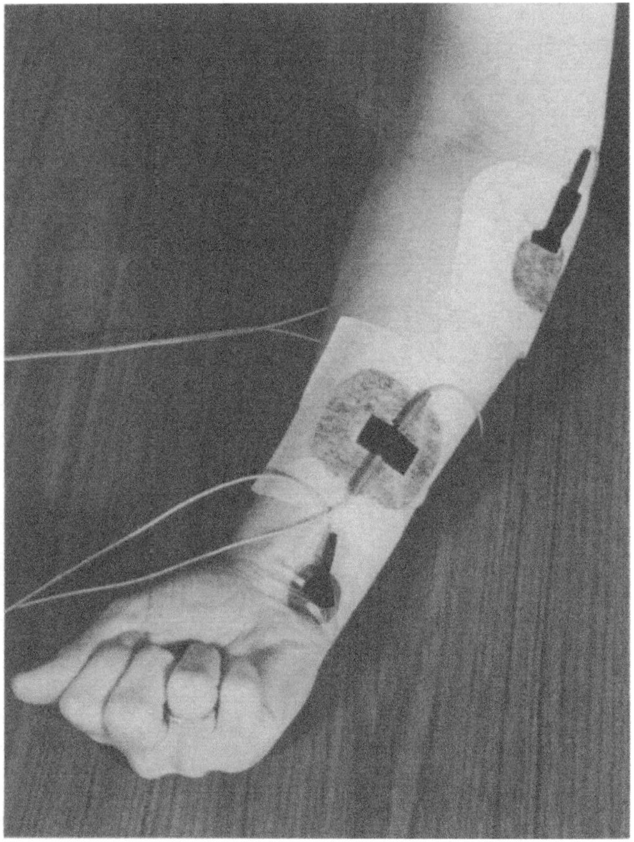

b)

Abb. 64: 2-Kanal-Stimulation zur Verstärkung des Zugriffes. Durch gleichzeitige Stimulation der langen Fingerbeuger und der kurzen Handmuskeln kann ein besonders kräftiger Zugriff ausgeführt werden. Zunächst wird die optimale Stelle zur Reizung der Fingerbeuger und dann die zur Reizung der kleinen Handmuskeln aufgesucht. Es genügt hierfür eine indifferente (oder größere) Elektrode, welche über den Sehnen der Beuger liegt (a). Beachte, daß während des kräftigen Zugreifens (b) Zeige- und Mittelfinger nicht so stark gebeugt werden, da die Mm. lumbricales dieser Finger nicht mitgereizt wurden.

Elektrodenanlagestellen

Der für die Innervation aller Mm. interossei und zwei der Mm. lumbricales zuständige N. ulnaris kann über eine kleine ($2^1/_2$ cm ϕ) aktive Elektrode, die am Handgelenk gerade unterhalb des Os pisiforme angelegt wird, stimuliert werden (Abb. 62). Anlage der indifferenten Elektrode auf der Dorsalseite des Unterarmes über den Sehnen der Fingerstrecker verstärkt bei gleichzeitiger Beugung in den Fingergrundgelenken und Streckung in den Mittel- und Endgelenken den ,,Lumbrical"-Griff. Bei dieser Elektrodenplazierung können sowohl Muskeln des Hypothenar (Kleinfingerballen) als auch die Muskeln der Mittelhand gekräftigt werden. Mit einem 2-Kanal-System (bzw. mehreren Elektroden) läßt sich durch gleichzeitige Reizung der kurzen Handmuskeln und der Fingerbeuger der Zugriff der Hand verstärken (Abb. 64). Um eine maximale Kraft beim Zugreifen zu erreichen, sucht man sich zunächst die optimalen Stimulationspunkte für die Fingerbeuger und dann die für die Reizung der kurzen Handmuskeln. Bei dieser Übung wird die indifferente (oder größere) Elektrode über den Fingerbeugern angelegt (s. Abb. 64).

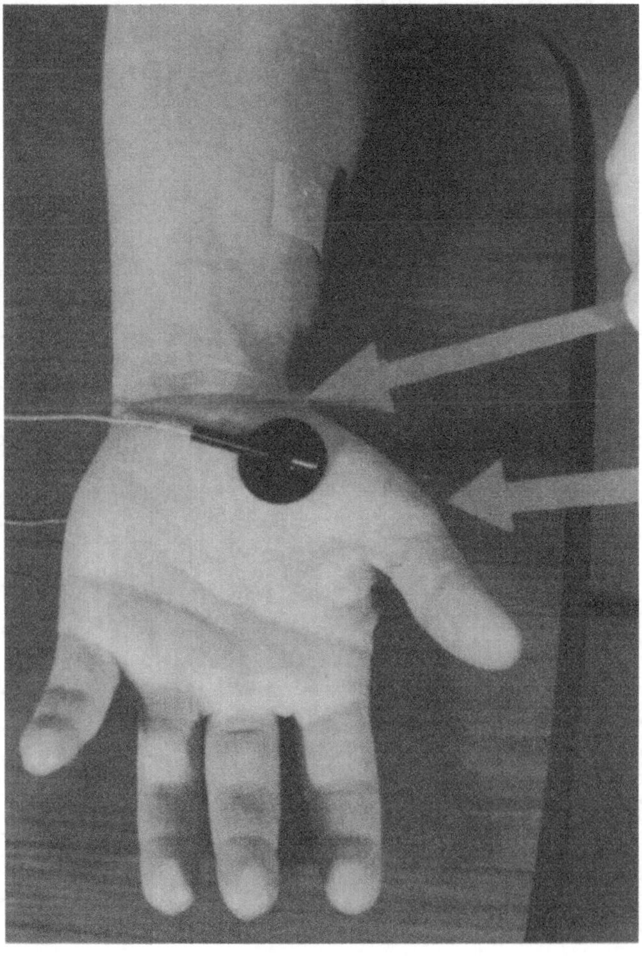

Abb. 65: Abduktion des Daumens: Elektrodenplazierung. Die aktive Elektrode auf der radialen Seite des Daumenballens zwischen Radius und Metacarpale I (Pfeil). Die indifferente (oder größere) Elektrode liegt auf dem Unterarm über dem M. extensor pollucis longus.

Daumenmuskeln

Eine ES der Daumenmuskulatur ist besonders bei Patienten nach Schlaganfall zur Kräftigung und Verbesserung ihrer Handfunktion indiziert. Oft haben diese Patienten Schwierigkeiten, den Daumen von der Handfläche fort zu bewegen oder seine Streckung zu kontrollieren. Um den Daumen in Oppositionsstellung zu bringen ist ein gewisser Grad an Abduktion notwendig. ES kann nicht nur zur Kräftigung der Daumenballenmuskulatur und Erleichterung obiger Stellung des Daumens eingesetzt werden, sondern bei Verwendung eines Handschalters, auch zum Training funktioneller Bewegungen. Greifübungen können durch ES unterstützt werden, wobei der Patient versuchen soll, einen ergriffenen Gegenstand nach Abschalten des Stromes noch eine zeitlang willkürlich festzuhalten.

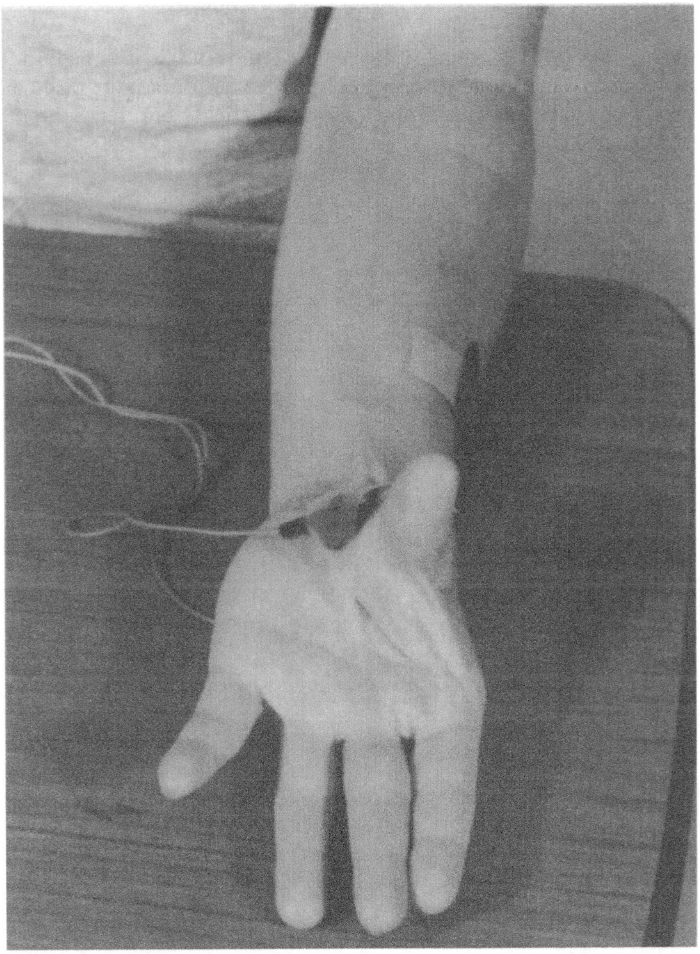

Abb. 66: Abduktion des Daumens: Effekt der Stimulation. Streckung und Abduktion des Daumens bei gleichzeitiger Streckung der Finger. Diese Form der ES kann der Handöffnung während funktioneller Aktivität dienen.

Auch bei sehr starker Spastizität der Daumenbeuger kann ES von Vorteil sein; durch Training der Daumenextensoren und -abduktoren kann der Daumen von der Hohlhand weggeführt und in eine günstige Greifstellung gebracht werden.

Eine Bewegungseinschränkung des Daumens kommt nicht selten nach Implantation eines künstlichen Gelenkes oder nach operativen Eingriffen an den Handsehnen vor. Oft wird eine Atrophie der gesamten Hand und eine teilweise Versteifung der Finger nach solchen Eingriffen beobachtet. Eine ES der Thenar- und kurzen Handmuskeln sollte jedoch nicht durchgeführt werden, bevor die Endoprothesen durch den Heilungsprozeß stabilisiert und fixiert wurden. Wie auch bei allen anderen Trainingsprogrammen soll die Stimulation der Thenarmuskeln im Einklang mit anderen therapeutischen Maßnahmen stehen.

Elektrodenanlagestellen

Die aktive Elektrode zur Stimulation des Daumens sollte recht klein sein (ca. 2 cm ϕ) und in der Nähe des Handgelenkes auf dem Daumenballen lateral vom M. opponeus pollicis liegen (Abb. 65 und 66). Die etwas größere indifferente Elektrode liegt über den Sehnen der Handgelenk- und Fingerextensoren.

8. Anwendung der Elektrostimulation in Kombination mit herkömmlichen Therapieformen

Wegen der Effektivität und der umfangreichen Anwendungsgebiete der ES bei neuromuskulären und anderen Störungen des Bewegungssystems ist es verführerisch, die ES als optimale und einzige Therapieform bei solchen Erkrankungen einzusetzen. Man darf aber nicht vergessen, daß es sich bei dieser Behandlungsform um eine zusätzliche Methode handelt, die in den allgemeinen Therapieplan einbezogen werden muß. Durch Verbindung mit herkömmlichen Behandlungsmethoden kann, zum Beispiel durch Verstärkung einer anderen Therapie, oder durch zeitliche Ausdehnung eines traditionellen Trainingsprogramms das nicht der Aufsicht eines Therapeuten bedarf, der Erfolg der gesamten Behandlung vergrößert werden. In diesem Kapitel werden einige Möglichkeiten zur Integration der ES in andere Behandlungsmethoden aufgezeigt. Die Beispiele beschränken sich auf die Erfahrungen einer Klinik; sicherlich gibt es noch andere Möglichkeiten.

Behandlung von Kontrakturen

Die herkömmliche konservative Behandlung von Kontrakturen besteht aus einer 30- bis 60-minütigen Streckung pro Tag oder mehrfach zu wechselnden Gipsverbänden. Einrichten und Fixieren des Gelenkes muß mit den Streckungen kombiniert werden, um das Gelenk in seiner maximal möglichen Funktionsstellung für den Rest des Tages zu halten. Aktive Übungen gehören ebenso zu dem Programm, so sie mit dem physischen und psychischen Zustand des Patienten zu vereinen sind.

Die ES kann bei den oben genannten Methoden zusätzlich angewendet werden. Gipsverbände kann man fenstern, um Elektroden für isometrische Übungen anzulegen. Schneidet man die Fenster auf beiden Seiten des Gipses, können abwechselnd Agonisten und Antagonisten stimuliert werden. Bei jedem Wechsel des Gipses müssen, wie auch bei rein konservativer Behandlung, Übungen ausgeführt werden, die den gesamten Bewegungsraum des Gelenkes ausnutzen. Wird die Kontraktur mit Schienen behandelt, kann durch Offenlassen des Verbandes über den entsprechenden Muskeln ein ganz normales ES-Behandlungsprogramm durchgeführt werden. Im weiteren Verlauf der Behandlung werden sowohl die Schienen als auch die Stärke des Stimulationsstromes der zunehmenden Gelenkbeweglichkeit angepaßt.

Wurde eine Kontraktur chirurgisch behandelt, kann die ES ebenfalls zur Kräftigung und Verbesserung der Beweglichkeit eingesetzt werden. Falls der Patient Willkürbewegungen ausführen kann, kann man ihn dabei durch den Einsatz der ES gut unterstützen. Bei Patienten mit Spastizität können Schienung und Elektrostimulation der betroffenen Muskeln notwendig sein, um die Beweglichkeit der Gelenke zu verbessern.

Muskelkräftigung

Konventionelle Behandlungsprogramme versuchen die Muskulatur bei Inaktivitätsatrophie meistens durch immer intensiver werdende aktive Übungen zu kräftigen. Dauer wie auch Intensität der Übungen können bei steigendem Durchhaltevermögen und Kraft erhöht werden. Eine ganze Reihe von Hilfsmitteln, wie Flaschenzüge, Gewichte etc., werden dazu eingesetzt. Alle diese Übungen können durch ES auf einfache Weise ergänzt werden. Nicht nur wird der Patient mit einer guten Kontrolle seiner Willkürmotorik bei einer kraftvolleren Kontraktion unterstützt, sondern auch der paretische Patient kann seine Muskulatur trainieren. Es ist darauf zu achten, daß die elektrisch eingeleitete Muskelkontraktion mit der Übungsphase, die eine Aktivität dieses Muskels erfordert, zusammentrifft, besonders bei Anwendung der periodischen Stimulation. Der Patient muß dabei nämlich die Muskelkontraktion selbst einleiten oder fortsetzen, wenn er den elektrischen Reiz spürt. Desgleichen soll er in der Lage sein, während der Pausenzeit den Muskel erschlaffen zu lassen. In einigen Fällen mag es günstiger sein, einen Handschalter zur Steuerung des Stimulators zu benutzen. Mit zunehmender Kraft und Gewöhnung an die ES können nach und nach größere Widerstände und Stromstärken verwendet werden.

ES kann auch als Haupttherapie eingesetzt werden (s. Kapitel 4). Normal-gewichtige Arthrosepatienten können bereits vor Implantation einer Endoprothese mit einem Muskelkräftigungsprogramm beginnen, das sich ohne Schwierigkeiten prä- und postoperativ in den allgemeinen Behandlungsplan integrieren läßt. Da diese Patienten wegen starker Schmerzen ihre Gelenke schonen, leiden sie unter schwerer Atrophie ihrer Muskulatur. Obwohl es grundsätzlich wünschenswert ist, daß der Patient schon vor der Operation mit Muskelkräftigungsübungen beginnt, sind diese Übungen durch den auftretenden Bewegungsschmerz limitiert. Desgleichen fehlt in aller Regel die zum Training notwendige Ausrüstung im Hause des Patienten. Auch in solchen Fällen hat sich die ES bewährt, da sie mit den kommerziell verfügbaren Geräten relativ einfach zu Hause durchgeführt werden kann. Bereits am Tag nach dem chirurgischen Eingriff kann die ES zur Muskelkräftigung fortgesetzt werden. Als Unterstützung hat sich das elektrisch induzierte Muskeltraining auch bei isotonischen Übungen, mit denen der Patient 7–10 Tage nach der Operation beginnt, erwiesen. Nach guter Instruktion durch den Therapeuten kann die ES zu Hause ohne ständige Aufsicht isotonisch und mit Gewichtsbelastung durchgeführt werden.

Untrainierte atrophierte Muskulatur ermüdet sehr schnell, ob sie nun durch aktive Kontraktionen des Patienten unterstützt wird oder nicht. Der Therapeut muß darauf achten und dem Patienten verbieten, bei Eintreten der Ermüdung weiter zu trainieren. Eine übermäßige Erschöpfung der Muskulatur kann zum Beispiel beim Guillain-Barré-Syndrom zum Stillstand oder gar zu einem Rückschlag im Heilungsprozeß führen. Wie bei krankengymnastischen Übungen muß der Verlauf der ES-Behandlung überwacht und der Patient auf unerwünschte Nebenerscheinungen untersucht werden.

Behandlung von Spastizität

Spastizität behandelt man nach hergebrachter Weise unter anderem mit Eispackungen, passiver Dehnung und Lagekorrekturen der betroffenen Muskelgruppen. In Verbindung mit diesen Behandlungsformen kann ES des Antagonisten zur Herabsetzung des überhöhten Tonus eingesetzt werden. Jedoch beeinflußt die ES, wie auch die herkömmlichen Methoden, anscheinend nur vorübergehend die Spastizität. Nichtsdestoweniger verbessert eine Behandlung mit ES, wenn sie kurz vor aktiven Übungen oder einem Beweglichkeitstraining durchgeführt wird, die Kontrolle über die Willkürmotorik. Da sich die Spastizität in der Regel vermindert, sobald ein Patient aktive Kontrolle über seine Muskulatur erlangt und an Muskelkraft gewinnt, werden die besten Behandlungserfolge durch ES bei Patienten in der Rekonvaleszenzphase nach neurologischen Erkrankungen beobachtet. Um eine möglichst langandauernde Besserung zu erzielen, sollte die ES mit herkömmlichen Behandlungsmethoden kombiniert werden.

Verbesserung willkürlicher Muskelbewegungen

Unter den traditionellen Techniken zur Verbesserung der Willkürmotorik bei neuromuskulären Störungen sind die folgenden 5 die gebräuchlichsten:
- Proprioceptive neuromuskuläre Übungen, bei denen Kontraktionen von synergistischen Muskelgruppen durch Dehnung und Widerstand gegen die Kontraktion verbessert werden.
- Mechanische und thermische Reizung der Haut, wodurch versucht wird, den Tonus der darunterliegenden Muskulatur zu ändern und eine Muskelkontraktion auszulösen.
- Ausnutzen von Stellreflexen und Gleichgewichtsreaktionen, bei denen unwillkürliche Reaktionen auf Änderungen der Kopf- und Körperhaltung dazu dienen, den Muskeltonus zu modifizieren oder erwünschte Bewegungen auszuführen.
- Zentral ansetzende Techniken zur Tonusveränderung, welche die Bewegungsmuster bestimmter Muskelgruppen und die damit verbundene Aktivität ihrer funktionellen Antagonisten ausnutzen.
- Neuere Techniken der Verhaltenspsychologie wie sensible Rückkopplungsmechanismen, EMG-feedback etc. [88].

Für den Therapeuten, der nicht nur eine Standard-Übung durchführt, sondern Behandlungsprogramme aus mehreren verschiedenen Techniken zusammenstellt, bietet die ES eine sehr effektive Ergänzung zu den herkömmlichen Methoden. In Abwechslung oder Kombination mit anderen Reizarten kann die ES über das Tastempfinden, die Tiefensensibilität und das Bewegungsempfinden dem Nervensystem zusätzliche sensorische Information liefern. Zur Verbesserung der Muskelaktivität kann die ES über einen weiten Bereich abgestuft werden, so daß kaum spürbare bis hin zu maximalen Kontraktionen produziert werden.

Die Vielseitigkeit der ES erlaubt es u.a. kräftige, mehrere Gelenke umfassende Bewegungen in Armen und Beinen herbeizuführen, mittels eines 2-Kanal-Systems spezifischere Funktionsübungen auszuführen, wie Hand- und Ellenbogenstreckung bei Tätigkeiten auf dem Tisch, oder Hüft- und Kniestreckung beim Gehen und fein gesteuerte Fingerbewegungen zu trainieren. Alle Übungen können entweder nur mit der ES oder auch mit zusätzlichen Hilfsmitteln – wie Gewichten, Bandagen, Geh-Hilfen, etc. – durchgeführt werden.

ES als Ersatz für Orthesen

Die Aufgabe einer herkömmlichen Orthese besteht in der Stabilisierung und/oder Positionierung eines Gelenkes oder einer Gliedmaße. Alle mechanischen Orthesen belasten die Gliedmaßen mit einem zusätzlichen Gewicht und steigern damit den Energieverbrauch während einer Bewegung. Oft sind diese Orthesen starr, was auf Kosten der Beweglichkeit geht, und sichtbar, obwohl sie heute dank besserer Materialien und eines geschickteren Designs kosmetisch befriedigender ausfallen.

In der Klinik hat sich ES als ein sehr erfolgreicher Orthesenersatz bei Funktionstrainingsprogrammen bewährt, zum Beispiel bei
- Stabilisierung im Stand,
- Verbesserung der Schwingphase beim Gehen,
- Unterstützung der Plazierung von Arm und Hand,
- Verbesserung von Hand- und Fingerfunktion.

Im Vergleich zur herkömmlichen, mechanischen Orthese dient die elektrische Orthese nicht nur der Unterstützung und Verbesserung einer Bewegung, sondern sie ist außerdem leichter und bietet eine größere Bewegungsfreiheit. Dadurch ist der Energieverbrauch während einer Bewegung sehr viel geringer und das kosmetische Ergebnis sehr viel besser.

Das Hauptziel bei der Anwendung elektrischer Orthesen ist die Verbesserung der Willkürmotorik und, in der Folge, das Erreichen eines Zustandes, der einen Verzicht auf die Orthese erlaubt. Obwohl dieses Ziel in unserer Klinik oftmals erreicht wird, können einige Patienten nicht auf Dauer ohne ES auskommen, da sie ohne diese Hilfe ihre Beweglichkeit nicht erhalten können. Ihnen kann ein langfristiges ambulantes Dauerstimulationsprogramm helfen.

Die ES zur Verstärkung der Dorsalflexion im Sprunggelenk oder einer Beugung des gesamten Beines während der Schwingphase hat die herkömmliche Dorsalflexionsorthese bei vielen Patienten erfolgreich ersetzt. Bei einer Reihe von Patienten ist die mechanische Hüft- und Kniebeugung mittels einer Orthese wegen der damit verbundenen negativen Erscheinungen (wie zum Beispiel Verkürzung des Beines) nicht möglich. Dagegen können durch Verwendung einer Elektroorthese Patienten für eine Reihe von Arbeiten (besonders im Haushalt) voll wiederhergestellt werden; dieses ist mit herkömmlichen mechanischen Orthesen unmöglich. Durch Einstellen der vom Gerät abgegebenen Energie können Winkel der Gelenke und damit die Länge der Gliedmaßen zum Teil mitgesteuert werden (zum Beispiel bei unterschiedlichen Hackenhöhen).

ES kann auch bei einer Schultersubluxation die sonst übliche Armschlinge als Orthese ersetzen. Obwohl die meisten Armschlingen ein Fortschreiten der Subluxation durch Gewichtsentlastung aufhalten, wird durch Innenrotation und Adduktion eine mögliche Restfunktion des Armes völlig ausgeschaltet. Eine elektrische Orthese dagegen kann den Humerus so im Schultergelenk fixieren, daß Unterarm und Hand frei beweglich sind.

Obwohl andere Möglichkeiten zur Anwendung der ES als Langzeitorthese untersucht wurden, beschränken gegenwärtig bestimmte spezifische Probleme ihre Brauchbarkeit außerhalb der Klinik. Zum Beispiel ist der Hausgebrauch von Mehr-Kanal-Systemen wegen ihrer Komplexität bei funktionellen Stimulationsprogrammen erfolglos, im Gegensatz zu Programmen zur Muskelkräftigung und zur Kontraktur- oder Spastizitätsbehandlung, die mit guten Ergebnissen zu Hause durchgeführt werden können. Elektroorthesen für den Hausgebrauch sind technisch noch nicht so ausgereift wie einfache Muskelstimulationsgeräte und zur Zeit kommerziell noch nicht verfügbar. Zum Beispiel können Patienten bei Ausfall einer Elektroorthese zur Dorsalflexion plötzlich Schwierigkeiten beim Laufen bekommen; viel schlimmer wäre jedoch der Ausfall einer Elektroorthese zur Standstabilisierung, da sich der Patient bei einem Sturz verletzen könnte. Orthesen zur Steuerung von komplizierten Finger- und Handbewegungen sind technisch noch nicht ausgereift. Übungen zur Muskelkräftigung und zur Verbesserung der Willkürmotorik sind unter der Aufsicht eines Therapeuten jedoch gut durchzuführen.

Vor einer ambulanten Versorgung mit einer Elektroorthese müssen bestimmte Voraussetzungen erfüllt sein. Stimulationsparameter und Plazierung der Elektroden sind festzulegen, aber es muß auch ein vernünftiger Trainingszeitplan aufgestellt werden, um die Ermüdung der stimulierten Muskeln und/oder Reflexe zu verringern. Der Patient (oder ein verantwortliches Familienmitglied) muß in der Lage sein, das therapeutische Ziel zu verstehen und die mechanische Handhabung der Geräte, die Einstellung der Stimulationsparameter und das Anlegen der Elektroden vorzunehmen. Es ist zu erstreben, daß Personen im Umfeld des Patienten zumindest grob über das Stimulationsprogramm informiert werden. Bestimmte Minimalanforderungen an die Elektroden, wie zum Beispiel adäquater Stromübergang zum Körper, einfaches Anlegen und Abnehmen sowie möglichst geringe Irritation der Haut sollen erfüllt werden.

9. Anwendungstechnische Überlegungen zur klinischen Elektrostimulation

ES als zusätzliche therapeutische Maßnahme wird in jeder Klinik bestimmte Anforderungen an Administration und Planung stellen. Jede Klinik wird unterschiedliche individuelle Lösungen finden, dennoch gibt es einige allgemeine Gesichtspunkte, die hier kurz dargestellt werden sollen.

Ohne Rücksicht darauf, ob in einer Klinik nur eine Person für die Durchführung der ES-Behandlung am Patienten zuständig ist, sollten alle mit dieser Therapieform befaßten Mitarbeiter die Zielsetzungen, Möglichkeiten und Grenzen dieser Behandlungsart verstehen. Die ES sollte nicht als „geheimnisvolle Kraft“ noch die Geräte als „magische Kästchen“ betrachtet werden. Um die Grundlagen der ES und ihre Wirkung auf die Muskeln zu verstehen, muß man weder Neurophysiologe noch Ingenieur sein. Eine Einführung des Klinikpersonals in die Grundprinzipien der ES ist nicht schwierig und für die Sicherheit des Patienten absolut erforderlich.

Eine solche Einführung in die ES könnte folgendermaßen aussehen:

1. Eine kurze Wiederholung von Nerven- und Muskelphysiologie, speziell der Effekte von elektrischem Strom auf diese Gewebe,
2. Beispiele der therapeutischen Wirksamkeit der ES, möglichst durch Forschungsergebnisse belegt,
3. Begründung und Verlauf spezifischer ES-Behandlungsprogramme,
4. Informationen über den Impulsgenerator und das notwendige Zubehör,
5. Anwendungstechniken,
6. Dokumentation der Behandlung.

Bei Anwendung der ES sind auch zu berücksichtigen:

- die finanzielle Situation der Klinik und des Patienten wie auch des Kostenträgers; dabei darf das notwendige Zubehör wie Elektroden, Elektrodenkabel, Batterien, Elektrodencreme, -gel, -Karayaplättchen, Elektrodenbefestigungspflaster, Batterieladegeräte, übersichtliche Verpackung, Haut- und Elektrodenreinigungstücher nicht vergessen werden,
- der Zeitaufwand für das Klinik- oder Praxispersonal,
- die Bereitstellung und Wartung der Geräte und des Zubehörs.

Zusammenfassend läßt sich sagen, daß unter Beachtung allgemeiner therapeutischer Grundsätze die ES wirkungsvoll in die klinischen Behandlungspläne einbezogen werden kann. Von ganz wesentlicher Bedeutung ist hierbei die Aus- und Weiterbildung der mit der ES beschäftigten Mitarbeiter, denn die Möglichkeiten der ES-Therapie können nicht ausgenutzt werden, wenn der Therapeut diese Methode nicht verstanden hat.

---

* Anmerkung des Übersetzers: Zum Teil auf deutsche administrative Verhältnisse geändert:

- die ständige und zuverlässige Beschaffung von Geräten und Ersatzteilen wie auch der technische Service vor Ort kann über die in vielen Kliniken ansässigen orthopädischen Werkstätten organisiert werden. Dadurch wird das Klinikpersonal von allen Serviceaufgaben, außer zum Beispiel Batteriewechsel u.ä. entlastet,
- die Information des Hausarztes über die ES-Therapie sollte eingeleitet werden,
- regelmäßige Besprechungen des gesamten an der ES-Behandlung beteiligten Personals sind, wenn möglich und durchführbar, anzustreben, um gegenseitig Erfahrungen auszutauschen.

10. Literaturverzeichnis

1. Licht, S.: History of electrodiagnosis. In: Electrodiagnosis and Electromyography, 3rd edition, edited by S. Licht. Baltimore: Waverly, 1971, pp 1–23.
2. McNeal, D.R.: 2000 years of electrical stimulation. In: Functional Electrical Stimulation: Applications in Neural Prostheases, edited by F.T. Hambrecht and J.B. Reswick. New York: Marcel Dekker, 1977, pp 3–35.
3. Reswick, J.B.: A brief history of functional electrical stimulation. In: Neural Organization and Its Relevance to Prosthetics, edited by W.S. Fields and L.A. Leavitt. New York: Intercontinental Medical Book Corp., 1973, pp 3–13.
4. Cambridge, N.A.: Electrical apparatus used in medicine before 1900. Proc. Roy. Soc. Med. 70: 635–641, 1977.
5. Liberson, W.T., Holmquest, H.J., Scott, D., et al.: Functional electrotherapy: stimulation of the peroneal nerve synchronized with the swing phase of the gait of hemiplegic patients. Arch. Phys. Med. Rehabil. 42: 101–105, 1961.
6. Mortimer, J.T.: Motor prostheses. In: The Handbook of Physiology. Vol. III. The Nervous System. Bethesda: Am. Physiol. Soc. (in press).
7. Stanic, U., Acimovic-Janezic, R., Gros, N., et al.: Multichannel electrical stimulation for correction of hemiplegic gait. Scand. J. Rehabil. Med. 10: 75–92, 1978.
8. Strojnik, P., Kralj, A., and Ursic, I.: Programmed six-channel electrical stimulator for complex stimulation of leg muscles during walking. IEEE Trans. on Biomed. Eng. BME-26: 112–116, 1979.
9. Waters, R.L., McNeal, D.R., and Perry, J.: Experimental correction of footdrop by electrical stimulation of the peroneal nerve. J. Bone and Joint Surg. 57-A: 1047–1054, 1975.
10. Gracanin, F.: Use of functional stimulation in rehabilitation of hemiplegic patients. Final Report to HEW No. 19-P-58395-F-012-66, Ljubljana, Yugoslavia, June, 1972.
11. Baker, L.L., Yeh, C., Wilson, D., and Waters, R.L.: Electrical stimulation of wrist and fingers for hemiplegic patients. Phys. Ther. 59: 1495–1499, 1979.
12. Bowman, B.R., Baker, L.L., and Waters, R.L.: Positional feedback and electrical stimulation: an automated treatment for the hemiplegic wrist. Arch. Phys. Med. Rehabil. 60: 497–502, 1979.
13. Long, D., and Masciarelli, V.D.: An electrophysiologic splint for the hand. Arch. Phys. Med. Rehabil. 44: 499–503, 1963.
14. Case Western Reserve University Rehabilitation Engineering Center, Second Annual Report of Progress. May 1, 1978 to April 30, 1979.
15. Rebersek, S., and Vodovnik, L.: Proportionally controlled functional electrical stimulation of hand. Arch. Phys. Med. Rehabil. 54: 378–382, 1973.
16. Merletti, R., Acimovic, R., Grobelnik, S., et al.: Electrophysiological orthosis for the upper extremity in hemiplegia: feasibility study. Arch. Phys. Med. Rehabil. 56: 507–513, 1975.
17. Peckham, P.H., and Mortimer, J.T.: Restoration of hand function in the quadriplegic through electrical stimulation. In: Functional Electrical Stimulation: Applications in Neural Prostheses, edited by F.T. Hambrecht and J.B. Reswick. New York: Marcel Dekker, 1977, pp 83–95.
18. Adams, J.E., and Hosobuchi, Y.: Technique and technical problems. Neurosurgery 1: 196–199, 1977.
19. Nashold, B.S., Grimes, J., Friedman, H., et al.: Operative stimulation of the neurogenic bladder. Neurosurgery 1: 218–220, 1977.
20. Cooper, I.S., Amin, I., Upton, A., et al.: Safety and efficacy of chronic stimulation. Neurosurgery 1: 203–205, 1977.
21. Davis, R.M., Cullen, Jr., R.J., Flitter, M.A., et al.: Control of spasticity and involuntary movements. Neurosurgery 1: 205–207, 1977.
22. Bobechko, W.P.: Scoliosis spinal pacemakers. J. Bone and Joint Surg. 56: 442, 1974.
23. Axelgaard, J., McNeal, D.R., and Brown, J.C.: Lateral electrical surface stimulation for the treatment of progressive scoliosis. Proceedings of the Sixth International Symposium on External Control of Human Extremities. Dubrovnik, Yugoslavia, 1978, pp 63–70.
24. Best & Taylor's Physiological Basis of Medical Practice. 9th edition, edited by J.R. Brobeck. Baltimore: Williams and Wilkins, 1973.
25. Keynes, R.D.: Ion channels in the nerve-cell membrane. Sci. Amer. 240: 126–135, 1979.
26. Ranvier, L.: De quelques faits relalifs a l'histologie et a la physiologie des muscles stries. Arch. Physiol. Norm. Pathol. (Paris). Ser. 2, 1: 1–15, 1874.
27. Tasaki, I.: Conduction of the nerve impulse. In: The Handbook of Physiology. Section I. Vol. I: Neurophysiology. Washington: Am. Physiol. Soc., 1959, pp 75–121.

28. Hodgkin, A.L., and Huxley, A.F.: Currents carried by sodium and potassium ions through the membrane of the giant axon of loligo. J. Physiol. 116: 449–472, 1952.
29. Curtis, H.J., and Cole, K.S.: Membrane resting and action potentials from the squid giant axon. J. Cellular Comp. Physiol. 19: 135–144, 1942.
30. Review of Medical Physiology, 5th edition, edited by W.F. Ganong. Los Altos: Lange, 1971.
31. Medical Physiology, Vol. I, 13th edition, edited by V.B. Mountcastle. St. Louis: C.V. Mosby, 1974.
32. Physiology and Biophysics, 19th edition, edited by T.C. Ruch and H.D. Patton. Philadelphia: W.B. Saunders Company, 1966.
33. Erlanger, J., and Gasser, H.S.: Electrical Signe and Nervous Activity. Philadelphia: University of Pennsylvania Press, 1938.
34. Weber, E.: Muskelbewegung. In: Handwörterbuch der Physiol., III-2, edited by R. Wagner. Braunschweig: F. Bieweg u. Sohn, 1846, pp 1–122.
35. Demieville, H.N., and Partridge, L.D.: Probability of peripheral interaction between motor units and implications for motor control. Am. J. Physiol. 238 (Regulatory Integrative Comp. Physiol. 7): R 119–R 137, 1980.
36. Partridge, L.D., and Benton, L.A.: Muscle the motor. In: The Handbook of Physiology. Vol. III. The Nervous System. Bethesda: Am. Physiol. Soc., (in press).
37. Benton, L.A., and Partridge, L.D.: Two muscles are better than one. Federation Proceedings, 39: 969, 1980.
38. Partridge, L.D.: Muscle properties: a problem for the motor physiologist. In: Posture and Movement: Perspective for Integrating Sensory and Motor Research on the Mammalian Nervous System, edited by R.E. Talbot and D.R. Humphrey. New York: Raven, 1979, pp 189–229.
39. Shribner, W.J.: A Manual of Electrotherapy. 4th edition. Philadelphia: Lea and Febiger, 1975.
40. Geddes, L.A., and Baker, L.E.: Principles of Applied Biomedical Instrumentation. New York: John Wiley and Sons, Inc., 1968.
41. Waters, R.L., Yeh, C., and McNeal, D.R.: Functional electrical stimulation of the wrist and finger extensors. Final Report to the Veterane Administration, VA 5244 P-1414, 1976.
42. Bowman, B.R., Baker, L.L., and Waters, R.L.: Feedback stimulation trainer for hemiplegic wrist. Proceedings of the Sixth International Symposium on External Control of Human Extremities. Dubrovnik, Yugoslavia, 1978, pp 189–200.
43. Munsat, T.L., McNeal, D.R., and Waters, R.L.: Preliminary observations on prolonged stimulation of peripheral nerve in man. Arch. Neurol. 33: 608–617, 1976.
44. Stefancic, M., Rebersek, S., and Merletti, R.: The therapeutic effect of the Ljubljana functional electronic peroneal brace. Europa Medicophysica 12: 1–9, 1976.
45. Peckham, P.H., Mortimer, J.T., and Marsolais, E.B.: Alteration in the force and fatigability of skeletal muscle in quadriplegic humans following exercise induced by chronic electrical stimulation. Clin. Orthop. and Rel. Res. 114: 326–334, 1976.
46. Vodovnik, L., and Rebersek, S.: Improvements in voluntary control of paretic muscles due to electrical stimulation. In: Neural Organization and Its Relevance to Prosthetics, edited by W.S. Fields and L.A. Leavitt. New York: Intercontinental Medical Book Corp., 1973, pp 101–116.
47. Merletti, R., Zelaschi, F., Latella, D., et al.: A control study of muscle force recovery in hemiparetic patients during treatment with functional electrical stimulation. Scand. J. Rehabil. Med. 10: 147–154, 1978.
48. Currier, D.P., Lehman, J., and Lightfoot, P.: Electrical stimulation in exercise of the quadriceps femoris muscle. Phys. Ther. 59: 1058–1512, 1979.
49. Johnson, D.H., Thurston, P., and Ashcroft, P.J.: The Russian technique of faradism in the treatment of chondromalacia patellae. Physiotherapy (Canada) 29: 266–268, 1977.
50. Eriksson, E., and Haggmark, T.: Comparison of isometric traiing and elctrical stimulation supplementing isometric muscle training in the recovery after major knee ligament surgery. Am. J. Sports Med. 7: 169–171, 1979.
51. Halbach, J.W., and Straus, D.: Comparison of electro-myo stimulation to isokinetc training in increasing power of the knee extensor mechanism. J. Orthop. Sports Phys. Ther. 2: 20–24, 1980.
52. Godfrey, C.M., Jayawardena, H., Quance, T.A., et al.: Comparison of electro-stimulation and isometric exercise in strengthening the quadriceps muscle. Physiotherapy (Canada) 31: 265–267, 1979.
53. Malmberg, E.: Science, innovation and gymnastics in the Soviet Union (unpublished paper, 1978).
54. Massey, B.H., Nelson, R.C., Sharkey, B.C., et al.: Effects of high frequency electrical stimulation on the size and strength of skeletal muscle. J. Sports Med. Phys. Fitness 5: 136–144, 1965.
55. Gracanin, F., and Marincek, I.: Advances in External Control of Human Extremities. Yugoslav Committee for Electronics & Automation, Belgrade, 1967, pp 495–501.

56. Mooney, V., Wileman, W., and McNeal, D.R.: Stimulator reduces spastic activity. JAMA 207: 2199–2200, 1969.
57. Liberson, W.T.: Experiment concerning reciprocal inhibition of antagonists elicited by electrical stimulation of agonists in a normal individual. Am. J. Phys. Med. 44: 306–308, 1965.
58. Hufschmidt, H.J.: Electrotherapy of spasticity. Electroenceph. Clin. Neurophysiol. 23: 388, 1967.
59. Dimitrijevic, M.R., and Nathan, P.W.: Studies of spasticity in man. 3. Analysis of reflex activity evoked by noxious cutaneous stimulation. Brain 91: 349–368, 1968.
60. Dimitrijevic, M.R., and Nathan, P.W.: Studies of spasticity in man. 4. Changes in flexion reflex with repetitive cutaneous stimulation in spinal man. Brain 93: 743–768, 1970.
61. Dimitrijevic, M.R., and Nathan, P.W.: Studies of spasticity in man. 5. Dishabituation of the flexion reflex in spinal man. Brain 94: 77–90, 1971.
62. Dimitrijevic, M.R., Faganel, J., Gregoric, M., et al.: Habituation: effects of regular and stochastic stimulation. J. Neurol., Neurosurg., and Psychiatry 35: 234–242, 1972.
63. Spencer, W.A., Thompson, R.F., and Neilson, D.L.: Response decrement of the flexion reflex in the acute spinal cat and transient restoration by strong stimuli. J. Neurophysiol. 29: 221–239, 1966.
64. Spencer, W.A., Thompson, R.F., and Neilson, D.R.: Alterations in responsiveness of ascending and reflex pathways by iterated cutaneous afferent volleys. J. Neurophysiol. 29: 240–252, 1966.
65. Spencer, W.A., Thompson, R.F., and Neilson, D.R.: Decrement of ventral root electrotonus and intracellularly recorded PSP produced by iterated cutaneous afferent volleys. J. Neurophysiol. 29: 253–274, 1966.
66. Lee, W.J., McGovern, J.P., and Duvall, E.N.: Cutaneous tetanizing (low voltage) currents for relief of spasm. Arch. Phys. Med. 31: 766–771, 1950.
67. Newmann, L.B., Arieff, A.J., and Wasserman, R.R.: Present status in management of spasticity and spasms. Preliminary report. Arch. Phys. Med. Rehabil. 35: 427–436, 1954.
68. Vogel, M., Weinstein, L., and Ahramson, A.: Use of tetanizing current for spasticity. Phys. Ther. Rev. 35: 435–437, 1955.
69. Cook, W.A.: Effects of low frequency stimulation on the monosynaptic reflex (H reflex) in man. Neurology 18: 47–51, 1968.
70. Buchwald, J.A., Hals, E.S., and Sharman, S.: Progressive change in efferent unit responses to repeated cutaneous stimulation in spinal cats. J. Neurophysiol. 28: 200–215, 1965.
71. Kralj, A., Trnkoczy, A., and Acimovic, R.: Improvement of locomotion in hemiplegic patients with multichannel electrical stimulation. Proceedings of Conference on Human Locomotor Engineering. Univ. of Sussex, Brighton, Eng., 1970, pp 60–68.
72. Rancho Los Amigos Rehabilitation Engineering Center. Annual Reports of Progress to the Rehabilitation Services Administration. U.S. Dept. of Health, Education and Welfare. No. 8, 1979.
73. Ranoch Los Amigos Rehabilitation Engineering Center. Annual Reports of Progress to the Rehabilitation Services Administration. U.S. Dept. of Health, Education and Welfare. No. 7, 1978.
74. Rancho Los Amigos Rehabilitation Engineering Center. Annual Reports of Progress to the Rehabilitation Services Administration. U.S. Dept. of Health, Education and Welfare. No. 6, 1977.
75. Rancho Los Amigos Rehabilitation Engineering Center. Annual Reports of Progress to the Rehabilitation Services Administration. U.S. Dept. of Health, Education and Welfare. No. 5, 1976.
76. Gracanin, F., Vrabic, M., and Vrabic, G.: Six years experiences with FES method applied to children. Europa Medicophysica 12: 61–68, 1976.
77. Adrian, E.D., and Bronk, D.W.: The discharge of impulses in motor nerve fibres. Part 2. The frequency of discharge in reflex and voluntary contraction. J. Physiol. 67: 119–151, 1929.
78. Rosenbleuth, A.: The electrical excitability of mammalian striated muscle. Amer. J. Physiol. 129: 22–38, 1940.
79. Brown, G.L., and Burns, B.D.: Fatigue and neuromuscular block in mammalian skeletal muscle. Proc. Roy. Soc. 136: 182–195, 1949.
80. del Pozo, E.C.: Transmission fatigue and contraction fatigue. Amer. J. Physiol. 135: 763–771, 1942.
81. Krnjevic, K., and Miledi, R.: Failure of neuromuscular propagation in rats. J. Physiol. 140: 440–461, 1958.
82. Wuerker, R.B., McPhedran, A.M., and Henneman, E.: Properties of motor units in a heterogeneous pale muscle (M. gastrocnemius) of the cat. J. Neurophysiol. 28: 85–99, 1965.
83. Merton, P.A.: Voluntary strength and fatigue. J. Physiol. 123: 553–564, 1954.
84. Mortimer, J.T., Kerstein, M.D., Magnusson, R., et al.: Muscle blood flow in the human biceps as a function of developed muscle force. Arch. Surg. 103: 376–377, 1971.
85. Edström, L., and Kugelberg, E.: Histochemical composition, distribution of fibers and fatiguability of single motor units (anterior tibial muscle of the rat). J. Neurol. Neurosurg. Psych. 31: 424–433, 1968.

86. Burke, R.E., Levine, D.N., Zajac, F.E., et al.: Mammalian motor units: physiological-histochemical correlation in three types in cat gastrocnemius. Science 174: 709–712, 1971.
87. Burdick Syllabus: A Compendium of Electromedical Therapy. 7th edition, prepared by the Burdick Corporation. Milton: Burdick, 1969.
88. Harris, F.A.: Facilitation techniques in therapeutic exercise. In: Therapeutic Exercise, 3rd edition, edited by J.V. Basmajian. Baltimore: Williams and Wilkins, 1978, pp 93–137.
89. Reiner, S.: Glossary of some technical terms. In: Electrodiagnosis and Electromyography. 3rd edition, edited by S. Licht. Baltimore: Waverly, 1971, pp 479–503.
90. Cromwell, L., Weibell, F.J., Pfeiffer, E.A., et al.: Biomedical Instrumentation and Measurements. Englewood Cliffs: Prentice-Hall, 1973.
91. Sannit, T., Lilienthal, E., Bevilacqua, J., et al.: Glossary of medical terms used in electroencephalography. Am. J. EEG Technol. 3: 31–49, 1963.
92. Partridge, L.D.: A Glossary of Neurophysiology Terms. Mephis: University of Tennessee, 1973.
93. Perry, J.: Function of the quadriceps. J. Canadian Physiotherapy Assoc. 24: 130–132, 1972.
94. Normal and Pathological Gait Syllabue, edited by Pathokinesiology Service and Physical Therapy Dept., Rancho Los Amigos Hospital. Downey: Professional Staff Assoc. of Rancho Los Amigos Hospital, Inc., 1978.

* Hinweis

Die folgenden Literaturhinweise geben über ES und die physiologischen Grundprinzipien für deren Anwendung zusätzliche Informationen.

95. Katz, B.: Nerve, Muscle, and Synapse. New York: McGraw-Hill, 1966.
96. Eyzaguirre, C.: Physiology of the Nervous System. Chicago: Year Book, 1969.
97. Sherrington, C.S.: The Integrative Action of the Nervous System. New York: Charles Scribner & Sons, 1906.
98. Hambrecht, F.T.: Neural Prostheses. Ann. Rev. Biophys. Bioeng. 8: 239–267, 1979.
99. Carnstam, B., Larsson, E., and Prevec, T.: Improvement of gait following functional electrical stimulation. Scand. J. Rehabil. 9: 7–13, 1977.
100. Gracanin, F.: The role of functional electrical stimulation of extremities in rehabilitation medicine. Europa Medicophysica 8: 48–55, 1972.
101. McNeal, D.R., and Reswick, J.B.: Control of skeletal muscle by electrical stimulation. In: Advances in Biomedical Engineering. Vol. VI. New York: Academic, 1976, pp 209–256.
102. Peckham, P.H.: Electrical excitation of skeletal muscle: alterations in force, fatigue and metabolic properties. Case Western University Report No. EDC 4-72-32. Cleveland, 1972.
103. Hudlicka, O., Brown, M., Cotter, M., et al.: The effect of long-term stimulation of fast muscle on their blood flow, metabolism and ability to withstand fatigue. Pflügers Arch. 369: 141–149, 1977.
104. Bütikofer, R., and Lawrence, P.: Electrocutaneous nerve stimulation – II: Stimulus waveform selection. IEEE Trans. on Biomedical Eng. BME-26: 69–75, 1979.
105. Vodovik, L., Long, C., Regenos, E., and Lippay, A.: Pain response to different tetanizing current. Arch. Phys. Med. Rehabil. 46: 187–192, 1965.
106. Nelson, H., Smith, M., Bowman, B., and Waters, R.. Electrode effectiveness during transcutaneous motor stimulation. Arch. Phys. Med. Rehabil. 1979, (in press).
107. Functional Electrical Stimulation: Applications in Neurol Prostheses., edited by F.T. Hambrecht and J.B. Reswick. New York: Marcel Dekker, 1977.
108. Ray, C.D.: Electrical stimulation: New methods for therapy and rehabilitation. Scand. J. Rehabil. Med. 10: 65–74, 1978.
109. Crochetiere, W.J., Vodovnik, L., and Reswick, J.B.: Electrical stimulation of skeletal muscle – a study of muscle as an actuator. Med. and Biol. Engng. 5: 111–125, 1967.
110. Hill, A.V.: First and Last Experiments in Muscle Mechanics. London: Cambridge University, 1970.
111. Rancho Los Amigos Rehabilitation Engineering Center. Annual Reports of Progress to the National Institute of Handicapped Research. U.S. Dept. of Education. No. 9, 1980.

GPSR Compliance

The European Union's (EU) General Product Safety Regulation (GPSR) is a set of rules that requires consumer products to be safe and our obligations to ensure this.

If you have any concerns about our products, you can contact us on ProductSafety@springernature.com

In case Publisher is established outside the EU, the EU authorized representative is:

Springer Nature Customer Service Center GmbH
Europaplatz 3
69115 Heidelberg, Germany

Batch number: 10809636

Printed by Printforce, the Netherlands